세상을 바꾸는 사회참여 이야기

우설리, 고수진 지음

일러두기

이 책에 실린 동화는 주인공의 인터뷰 및 관련 기사를 바탕으로 각색했으며,
연설문은 실제 연설의 일부 발췌 및 수정이 이루어졌음을 알립니다.

세상을 바꾸는 사람은…

　세상을 바꾸는 사람은 어떤 사람들일까요? 대통령, 정치인, 기업가 등을 떠올리겠지요? 하지만 여러분에게도 그럴 만한 힘이 충분히 있어요. 바로 사회참여를 통해서지요.

　사회참여는 우리 주변에서 일어나는 문제를 해결하기 위해 남이 시키거나 요청하지 않아도 자기 스스로 참여하는 것을 말해요. 나이가 어리고 평범한 학생인 내가 무슨 영향력이 있을까 생각하겠지만 우리는 미래 사회를 이끌어갈 아주 중요한 시민이에요.

　이 책에는 미래 사회 주인공인 십 대들의 사회참여 이야기가 담겨 있어요. 식탁 위에 맛있게 놓인 닭고기가 불쌍하게 여겨져서, 가난 때문에 공부하지 못하는 환경이 싫어서, 내가 사는 곳의 해변이 더러워서, 친구의 죽음을 슬퍼하면서 시작된 이야기들이에요.

　멜라티와 이사벨 자매는 비닐봉지 쓰레기로 인한 환경문제에 목소리를 높였어요. 그 결과 비닐봉지 사용을 금지하는 법안까지 만들어 냈어요. 어떻게 가능했을까요?

처음에는 비닐봉지 쓰레기를 줍는 일부터 시작했어요. 누구나 할 수 있는 평범한 행동이었지요. 그런데 사람들이 하나둘 모이기 시작하더니, 많은 사람이 뜻을 함께하면서 점점 힘이 불어난 거예요.

사람은 누구나 지금보다 더 나은 삶을 원해요. 다만 용기가 없어서 누군가가 먼저 나서주기를 기다리는 경우가 많지요. 이들은 선두에 서는 사람이 여러분처럼 나이가 어리거나, 아직 배울 것이 많은 학생이라도 그 뜻이 올바르다면 기꺼이 함께 할 준비가 되어 있답니다.

여러 사람 앞에서 목소리를 낼 용기가 부족하다고요? 사람들에게 사회참여를 독려하기 위해 큰 용기가 필요한 것도 아니에요. 아프가니스탄에 사는 소니타 알리자데는 자신이 잘하는 랩을 영상으로 찍어 유튜브에 올리는 것만으로도 사회참여를 이끌었으니까요.

이 책에 등장하는 십 대들은 나라도 다르고 환경도 달라요. 그래서 우리와는 사정이 다른 문제를 겪고 있지요. 하지만 공통점도 있어요. 내 주변에서 일어난 일들을 지나치지 않고 바꾸기 위해 행동하고 있다는 거예요.

학교 회장과 부회장만 마이크 앞에 서야 하나요? 내 말을 들어 줄 누군가가 없을까 걱정되나요?

지금 세계는 미래의 주인공인 여러분의 목소리에 귀 기울이고 있어요. 세상을 바꿀 큰 힘을 가진 여러분을요. 더 나은 삶을 위한 변화를 원한다면 목소리를 내볼까요? 학교 단상에서든, 내가 사는 동네에서든, SNS나 유튜브에서든 함께 해줄 사람들이 있다는 것을 꼭 기억해 주세요.

차례

1장 잘 가, 비닐봉지 멜라티 위즌, 이사벨 위즌   **009**

연설을 시작하겠습니다 비닐봉지로부터 아름다운 섬을 지킵시다

세상은 지금 발리 해변에는 왜 비닐봉지가 많을까요?
            비닐봉지는 왜 문제가 될까요?

내가 바꾸는 세상 푸른 지구를 만드는 비치코밍 / 일회용품 줄이기

2장 사이버 폭력이 사라지는 그날까지 트리샤 프라부   **027**

연설을 시작하겠습니다 글을 쓰기 전에 한 번만 다시 생각해 보세요

세상은 지금 보이지 않는 폭력, 사이버불링
            사이버불링은 얼마나 위험할까요?

내가 바꾸는 세상 푸른코끼리 포럼의 연사 되기

3장 가짜 뉴스를 막아 주는 착한 앱 최형빈   **045**

연설을 시작하겠습니다 가짜 뉴스로 인한 두려움은 더 큰 재난으로 이어질 수
                    있습니다

세상은 지금 가짜 뉴스가 빨리 퍼지는 이유
            미디어 리터러시가 필요해요!

내가 바꾸는 세상 가짜 뉴스 체크리스트

4장 동물도 아픔과 고통을 느껴요 제네시스 버틀러   **061**

연설을 시작하겠습니다 음식을 바꾸면 지구를 살리고 동물을 구할 수 있습니다

세상은 지금 동물의 고통스러운 삶
            동물 복지를 실천하려면 채식을 해야 하나요?

내가 바꾸는 세상 동물 복지 인증 제품 / 멸종 위기 동물

5장 바람으로 일으킨 기적 윌리엄 캄쾀바 077

연설을 시작하겠습니다 가난은 우리가 행복할 권리를 뺏을 수 없습니다

세상은 지금 윌리엄 캄쾀바는 왜 가난할까요?
아름다운 세상을 만드는 적정기술

내가 바꾸는 세상 푸드뱅크에 기부해 볼까요?

6장 거리로 나간 노란 우산 조슈아 웡 093

연설을 시작하겠습니다 우리가 홍콩의 미래를 결정할 날이 올 것입니다

세상은 지금 민주화를 위한 홍콩인의 노력
민주주의를 지키려는 이유

내가 바꾸는 세상 내가 제안하는 정책이 정부 정책이 된다고요?

7장 조혼이 나의 미래를 빼앗을 수는 없어요 메모리 반다 109

연설을 시작하겠습니다 제가 원할 때 결혼할래요

세상은 지금 조혼은 왜 생기는 걸까요?
얼마나 많은 소녀가 어린 나이에 결혼을 할까요?

내가 바꾸는 세상 세계 소녀의 날 / 랩으로 세상을 움직이고 있어요

8장 우리의 생명을 위해 행진합니다 엠마 곤잘레스 127

연설을 시작하겠습니다 6분 20초 만에 17명의 친구를 잃었습니다

세상은 지금 총기사고로 얼마나 많은 어린이가 목숨을 잃을까요?
미국에서 총기사고가 많은 까닭은 무엇일까요?

내가 바꾸는 세상 '붉은 손의 날' 캠페인

부록 인물 소개

1장

잘 가,
비닐봉지

멜라티 위즌, 이사벨 위즌

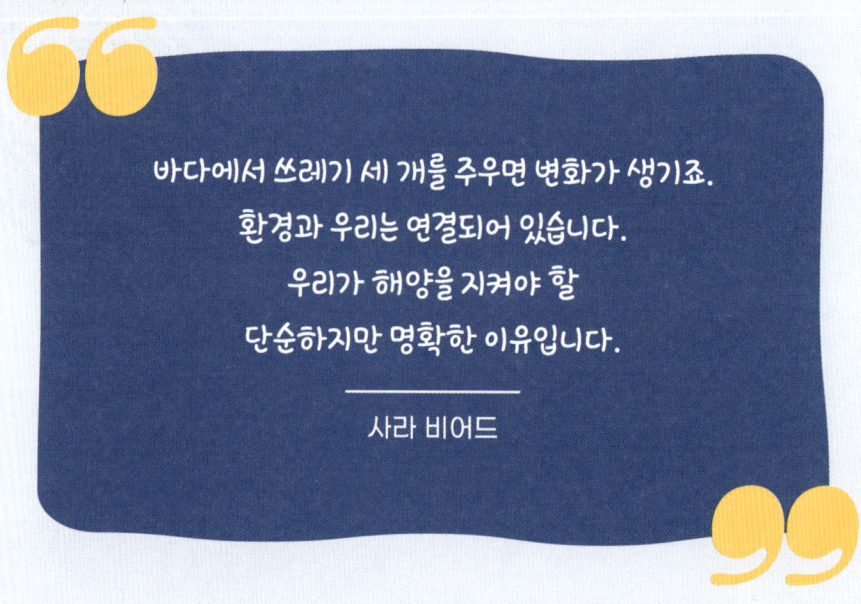

> 바다에서 쓰레기 세 개를 주우면 변화가 생기죠.
> 환경과 우리는 연결되어 있습니다.
> 우리가 해양을 지켜야 할
> 단순하지만 명확한 이유입니다.
>
> ― 사라 비어드

남태평양 피지 출신인 환경운동가 사라 비어드가 2020 세계해양포럼에서 한 말이에요. 사라 비어드는 'TAKE 3 FOR THE SEA'라는 환경 자선단체를 이끌고 있어요. 말 그대로 바다에서 쓰레기 세 개 줍기를 뜻하는데, 이것이 결코 작은 일이 아님을 알려주고 있지요. 멜라티와 이사벨이 바닷가에서 비닐봉지를 발견하고 주운 일이 커다란 일의 시작이 되었던 것처럼요.

우리가 세상을 위해 무엇을 할 수 있을까?

"넬슨 만델라, 마틴 루서 킹, 마하트마 간디에 대해 들어본 적 있나요? 이분들은 차별당하거나 평화를 위협받는 등 어려움에 빠진 사람들을 위해 발 벗고 나서서 도움을 주었어요."

수업 시간에 선생님은 더 나은 세상을 위해 앞장선 사람들의 이야기를 들려주었다.

'정말 멋진 분들이야! 나도 닮고 싶어.'

선생님의 이야기에 귀 기울여 집중하는 동안, 나도 누군가에게 도움 되는 일을 하고 싶다는 생각이 들었다.

수업을 마치고 동생 이사벨과 함께 집에 가는 길에도 그 생각은 계속 이어졌다. 나는 나란히 걷고 있는 이사벨에게 진지한 표정으로 물어보았다.

"이사벨, 우리가 세상을 위해 무엇을 할 수 있을까?"

"그런 걸 왜 고민하는 거야? 우리는 아직 어리잖아."

이사벨은 고개를 갸우뚱했다.

"꼭 어른만 나서야 한다는 법도 없잖아. 우리가 살고 있는 곳부터 잘 살펴보면 우리의 손길이 필요한 일이 분명히 있을 거야. 우리 같이 찾아보지 않을래?"

"음, 좋아! 같이 해 보지 뭐."

그때부터 나와 이사벨은 발리를 유심히 둘러보기 시작했다. 그러던 중에 유독 눈에 띄는 것이 있었다. 바로 해변에 널브러져 있는 비닐봉지 쓰레기였다.

발리는 '신들의 섬'이라고 불릴 정도로 아름다운 곳이다. 이곳의 아름다운 풍경을 즐기기 위해 전 세계에서 많은 사람이 찾아온다. 하지만 안타깝게도 발리의 해변이나 거리에는 사람들이 쓰고 버린 비닐봉지가 발에 치일 정도로 널려 있다.

내가 사랑하는 발리가 비닐봉지 쓰레기에 시달리고 있다는 사실을 깨닫자마자, 이 문제야말로 우리가 나서서 바꿔야겠다는 생각이 들었다.

비닐봉지 사용을 반대하는 운동을 시작하다

　나와 이사벨은 당장 해변 청소에 나서기로 했다. 해변 청소는 우리 같은 어린아이도 충분히 할 수 있는 일이었다.
　"멜라티, 나도 청소하러 갈게."
　"나도 끼워 줘! 같이 가."
　고맙게도 우리의 계획을 듣고 몇몇 친구들이 동참했다.
　드디어 토요일 아침이 되었다. 해변을 청소하기로 한 날이었다. 우리는 조금 들뜬 마음으로 바다에 도착했다.
　자루와 집게를 들고 해변을 돌아다니며 버려진 비닐봉지를 주웠다. 모래 속에 파묻혀 있거나 바람에 날리거나 파도에 쓸려 나오는 등 온갖 비닐봉지가 해변 곳곳에 있었다.
　그렇다고 자루에 비닐봉지 쓰레기만 담은 건 아니었다. 유리병, 빨대, 휴지, 플라스틱 통 등 다양한 쓰레기가 자루 안에 가득했다.
　우리는 쓰레기를 담은 자루가 빵빵해서 터지기 직전이 되어서야 청소를 멈췄다. 발리의 뜨거운 날씨에 모두 땀으로 흠뻑 젖었다. 하지만 몰라보게 깨끗해진 해변을 보니 뿌듯한 마음이 들면서 저절로 미소가 지어졌다.
　그러나 다음 주말에 해변을 다시 찾았을 때는 나도 모르게 한숨이 나오고 말았다.

"하아, 이 쓰레기들은 도대체 뭐야?"

바다 주변이 또다시 쓰레기로 가득했기 때문이다. 힘이 쭉 빠지고 말았다.

"우리가 아무리 열심히 청소해도 며칠만 지나면 다시 쓰레기 천지야."

이사벨은 울상이 되어 말했다.

"안 되겠어. 우리 힘만으로는 부족해. 더 많은 사람이 필요해. 사람들이 모일 수 있도록 단체를 만들자!"

이렇게 해서 만들어진 단체 이름은 '바이 바이 플라스틱 백Bye Bye Plastic Bags, BBPB', 말 그대로 '잘 가, 비닐봉지'였다. 기억하기도

쉽고 우리의 생각을 확실하게 드러낼 수 있는 이름이라서 마음에 쏙 들었다.

우리는 '바이 바이 플라스틱 백'을 만들고 나서 또래 어린이와 청소년들을 모아 비닐봉지 없는 세상을 만드는 일에 본격적으로 나섰다. 물론 처음부터 사람들이 '바이 바이 플라스틱 백'을 찾아오지는 않았다. 하지만 나와 이사벨, 그리고 친구들은 꾸준히 해변을 청소하며 활동을 SNS에 계속 알렸다. 그러자 우리의 진심을 전해 들은 사람들이 하나둘 '바이 바이 플라스틱 백'의 문을 두드리기 시작했다. 그렇게 우리를 알아주는 사람이 늘어날수록 발리가 본래의 깨끗한 모습을 되찾을 수 있는 시간은 앞당겨졌다.

비닐봉지 사용을 멈춰 주세요

"비닐봉지를 아예 사용하지 않으면 좋을 텐데……."

해변을 청소하던 이사벨이 투덜거렸다. 그 순간, 내 머릿속에 아이디어가 하나 떠올랐다.

"그래, 맞아! 비닐봉지 사용을 금지하는 법이 있으면 애초에 발리가 비닐봉지로 뒤덮일 일이 없을 거야."

좀 더 알아보니 실제로 비닐봉지 사용을 금지하고 있는 나라나 도시가 있었다.

당장 비닐봉지 금지법을 만들기 위해 행동에 나섰다. 가장 먼저 필요한 것은 우리의 생각을 지지해 줄 사람들의 서명이었다. 많으면 많을수록 좋았다.

우리가 달려간 곳은 발리 공항이었다. 발리는 세계적으로 유명한 여행지여서 한 해에 1,600만 명이나 되는 사람들이 발리 공항을 드나들었다. 그래서 이곳이야말로 서명을 받기에 제격이라는 생각이 들었다.

우리의 작전은 대성공이었다. 공항에는 발리에서 머무는 동안 플라스틱이나 비닐봉지 쓰레기 문제를 직접 겪으며 심각성을 느낀 사람들이 많았다. 그들은 비닐봉지 사용금지법을 만들어야 한다는 우리의 주장을 지지하고 청원서에 서명해 주었다. 무려 10만 명이나 되는 사람들의 서명을 받을 수 있었다.

하지만 중요한 한 사람의 서명이 더 필요했다. 바로 망쿠 파스티카 발리 주지사였다. 발리 주지사가 동참하면 비닐봉지 사용금지법이 만들어지는 데 큰 힘이 될 거라고 판단했다. 그러나 발리 주지사는 우리를 쉽게 만나주지 않았다. 나와 이사벨은 고민 끝에 부모님께 우리의 결심을 말씀드렸다.

"간디처럼 단식 투쟁을 할 거예요. 발리 주지사가 저희를 만나 줄 때까지요."

부모님, 친구들, 선생님이 모두 말렸지만 우리의 의지를 꺾지 못했다. 우리는 건강을 해치지 않도록 영양사 선생님과 함께 철저하게 준비한 끝에 단식 투쟁을 시작했다. 단식하는 시간은 해 뜰 때부터 해 질 때까지만이었다.

단식 투쟁은 놀랄 만큼 큰 관심을 받았다. 우리의 인터뷰가 언론에 실리고 SNS로 퍼져 나갔다. 단식 투쟁을 시작한 지 사흘째 되던 날, 발리 주지사에게서 우리 자매를 만나고 싶다는 연락이 왔다.

우리는 사무실에서 주지사를 만났다. 나와 이사벨은 발리의 비닐봉지 문제가 얼마나 심각한지, 왜 비닐봉지 사용금지법을 제안했는지 차분하게 설명했다.

"발리의 아름다운 자연을 지키는 데 나서 줘서 고마워요."

나와 이사벨의 설명을 들은 주지사는 뜻밖에도 우리에게 감사 인사를 전하고 이렇게 말을 이었다.

"발리에서 비닐봉지가 사라질 때까지 나도 함께 노력하겠어요."

그러고는 마침내 우리가 내민 청원서에 서명했다. 발리 주지사까지 나서자 이 소식은 인도네시아뿐만 아니라 세계 여러 나라로 순식간에 전해졌다.

그러던 어느 날, 테드TED*에서 연락이 왔다. 무대에 서 달라는 내용이었다. 테드는 세계적으로 유명한 사람이나, 자기 분야에서 뚜렷한 업적이 있는 사람들이 서는 강연회였다. 그런 곳에서 우리를 초청하다니 믿어지지 않았다.

얼마 후, 우리는 나란히 테드 무대에 올라 세상을 향해 연설을 시작했다.

---

* 테드(TED)는 기술이라는 뜻의 테크놀로지(technology), 예능이라는 뜻의 엔터테인먼트(entertainment), 디자인(design)에서 첫 글자만 딴 거예요. 일종의 재능 기부이자 지식과 경험을 공유하는 미국의 비영리 단체로, 주제를 제한하지 않고 모든 지적 호기심을 함께 충족하는 게 목표입니다. 매년 미국 롱비치와 스코틀랜드 에든버러에서 각각 열리며, 18분 안에 강연하는 게 특징이에요.

─ 연설을 시작하겠습니다 ─

> **비닐봉지로부터
> 아름다운 섬을 지킵시다**

- 테드, 2016년

엘라티

우리 자매는 지상에서 가장 좋은 학교인 발리의 초록 학교에 다닙니다. 초록 학교는 일반 학교와 달리 대나무로 지어졌어요. 가르치는 방식도 다르지요. 우리는 이곳에서 사람들을 이끄는 지도자가 되도록 교육받고 있습니다.

이사벨

어느 날, 위인 수업 시간이었습니다. 넬슨 만델라, 마더 테레사, 간디 같은 분들에 대해 배웠어요. 그날 집으로 가면서 우리는 '중요한 사람이 되려면 왜 어른이 될 때까지 기다려야 하지?'라는 대화를 나누었습니다. 우리는 지금 바로 누군가를 위해 중요한 일을 하고 싶었죠.

엘라티

세상을 변화시킬 수 있는 여러 방법을 이사벨과 함께 이야기한 끝에 발리에서 일어나고 있는 문제가 떠올랐습니다. 한 가지가 가장 두드러져 보였어요. 그건 바로 비닐봉지 쓰레기였습니다.

조사를 하면 할수록 비닐봉지의 좋은 점은 전혀 찾을 수 없었어요. 그거 아세요? 비닐봉지는 전혀 필요 없답니다.

미국의 하와이와 오클랜드, 아프리카의 르완다, 아일랜드의 더블린 등 많은 곳에서 이미 비닐봉지를 쓰지 않으려고 노력하고 있었어요. 그 모습에 큰 감동을 받았습니다. 그래서 우리는 비닐봉지 사용을 반대하는 운동을 시작했습니다.

혼자서 모든 일을 할 수는 없었어요. 뜻을 함께하는 사람들이 필요했고 '바이바이 플라스틱 백BBPB'이라는 단체를 만들었습니다. 전국의 아이들이 이 활동에 참여했습니다.

우리는 온라인과 오프라인에서 서명을 받거나 학교, 시장, 축제, 해변 등을 돌아다니며 비닐봉지 쓰레기 문제를 알렸습니다. 비닐봉지를 대신할 수 있는 봉지도 나누어 주었어요. 그물자루, 재활용 신문지 봉투, 100퍼센트 유기농 재료로 만든 봉지들이었지요.

이사벨과 저는 겨우 열 살, 열두 살에 이 일을 시작했습니다. 어린 나이에 도전할 수 있었던 것은 비닐봉지 쓰레기를 없애고자 하는 의지와 함께하는 친구들이 있었기 때문입니다. 우리가 원하는 것은 아름다운 섬을 질식시키는 비닐봉지 사용을 멈추게 하는 것입니다. 아이들은 무한한 에너지를 가지고 있습니다.

이 세상의 아이들에게 말하고 싶습니다. 도전하세요. 변화를 만드세요. 물론 쉬운 일은 아닙니다. 하지만 가치 있는 일입니다. 우리 아이들은 세계 인구의 단 25퍼센트입니다. 하지만 우리는 100퍼센트의 미래입니다.

우리는 아직 할 일이 많고 결코 멈추지 않을 것입니다. 발리 공항에 내렸을 때에 받게 되는 첫 번째 질문이…….

"발리에 오신 것을 환영합니다. 신고할 비닐봉지가 있습니까?"가 될 때까지요.

세상은 지금

❗ 발리 해변에는 왜 비닐봉지가 많을까요?

발리는 인도네시아에서 가장 아름다운 섬으로 손꼽히고 있어요. 한 해 약 570만 명의 관광객이 찾는 세계적인 관광지고요. 하지만 안타깝게도 지금은 쓰레기 섬이 되어가고 있어요. 가게에 들렀다 나오는 수많은 관광객의 손에 들려 있는 각양각색의 비닐봉지 때문이에요. 이 비닐봉지는 한번 사용하고 버려져 해안가를 뒤덮고 있어요. 그렇게 버려지고 떠밀려 온 비닐봉지가 하루 68만 리터나 됐으니까요. 쿠타, 르기안, 스미냑 등 발리의 유명 해변 세 곳에서는 최근까지도 60톤 가량의 플라스틱 쓰레기가 수거되고 있어요. 중국의 뒤를 이어 세계에서 두 번째로 많은 양이에요.

게다가 10월쯤 우기가 시작되면 비가 내리고 서풍이 불면서 인도네시아 육지에서 버린 쓰레기들까지 바닷물에 밀려와 발리 해변을 뒤덮고, 이런 상황은 매년 반복돼요. 그중 비닐봉지가 가장 많은 양을 차지하고요. 멜라티와 이사벨이 해변에서 비닐봉지를 줍기 시작한 것도 그 이유 때문이지요.

위즌 자매의 노력으로 2019년부터 발리섬 전역에서는 비닐봉지 사용이 금지되었지만, 아직도 발리의 해변은 비닐봉지를 포함해 사람들이 버린 쓰레기로 몸살을 앓고 있어요.

❗ 비닐봉지는 왜 문제가 될까요?

전 세계 해양쓰레기의 절반은 플라스틱 종류예요. 매년 1,200만 톤 가까이 바다에 버려지고 있어요. 비닐봉지가 대표적인 플라스틱이지요. 이 비닐봉지 한 장이 분해될 때까지 최소 20년에서 최대 500년 이상의 기간이 필요해요.

발리 해변을 뒤덮은 비닐봉지

버려진 비닐봉지는 분해되지 않은 채 해안 주변과 바다를 오염시키는 것은 물론, 바다에 사는 생물들에게도 큰 피해를 주지요. 바다거북이 비닐봉지를 삼키다 크게 다치거나 죽기도 하니까요.

또 플라스틱이 오랜 시간 동안 파도와 자외선 등에 의해 잘게 부서지면 미세 플라스틱이 됩니다. 미세 플라스틱은 물속에서 눈에 보이지 않게 생태계를 파괴해요.

플랑크톤을 먹고 사는 작은 물고기들이 미세 플라스틱을 먹이로 알고 먹는 것이 그 시작이에요. 먹이사슬에 의해 미세 플라스틱을 먹은 작은 물고기는 멸치와 고등어를 거치고 참치를 거쳐 결국 우리의 식탁에까지 오르고 있어요.

우리가 버린 플라스틱이 부메랑처럼 돌아오는 거예요.

> 내가 바꾸는 세상

🟣 푸른 지구를 만드는 비치코밍

비치코밍이란 해변을 나타내는 비치beach와 빗질하다는 뜻의 코밍combing이 합해진 말이에요. 말 그대로 해변을 천천히 걸으면서 빗질하듯이 바다에서 떠내려온 조개껍데기나 유리 조각,

바다에 버려진 쓰레기로 만든 거대 물고기

쓰레기를 주워 모으는 거예요. 비치코밍을 통해 우리도 쉽게 해양 쓰레기 문제를 해결하는 데 조금이나마 도움이 될 수 있어요. 주워 모은 표류물과 쓰레기를 재활용하여 예술 작품이나 액세서리를 만들 수도 있고요.

요즘에는 여행을 가서 바다를 감상하기만 하는 것이 아니라 비치코밍까지 하는 착한 여행을 하려는 사람이 늘고 있어요. 바다 쓰레기를 줍는 작은 행동이 바다만 살리는 게 아니라 바로 우리를 살리는 방법이 될 수 있어요. 우리 같이 비치코밍 시작해요.

🟣 일회용품 줄이기

일회용품은 환경에 큰 영향을 미쳐요. 일회용품은 한 번 사용하고 버려지는데, 이때 많은 양의 플라스틱 쓰레기가 발생해요. 이렇게 발생

한 플라스틱 쓰레기는 자연에서 분해되지 않아 매우 오랜 기간 동안 환경 오염을 유발하고요. 또, 일회용품을 만드는 데에는 많은 에너지가 소모되기 때문에 온실가스 배출량이 높아지는 문제도 있어요.

이러한 일회용품 문제를 해결하기 위해서는 우리 모두가 노력해야 해요.

일회용품 줄이는 방법
- ✦ 일회용 컵 대신 텀블러를 사용해요.
- ✦ 일회용품을 써야 한다면 여러 번 쓸 수 있는 다회용품을 사용해요.
- ✦ 배달이나 포장 음식을 줄여요.
- ✦ 물건을 살 때는 장바구니를 챙겨요.
- ✦ 물티슈의 사용을 줄여요. (물티슈는 플라스틱으로 만들어요. 조금 불편해도 손수건을 준비하면 어떨까요?)

2장

사이버 폭력이 사라지는 그날까지

트리샤 프라부

가해자는 보통 태어나지 않는다고 합니다.
태어날 때부터 가해자가 되기로 마음먹은 것이 아니라
자신도 모르게 사회현상 속에서 가해자가 된다는 말입니다.
만약 누군가의 삶을 망치는 동영상이 여러분 눈앞에 있다면
이렇게 외쳐 주세요. '안 볼게요.'라고 말이죠.

― 이선희

디지털 성폭력을 다룬 다큐멘터리를 만든 이선희 영화감독이 한 강연에서 한 말이에요. 다른 사람의 신체나 사생활을 몰래 촬영하거나 퍼뜨리는 것은 사이버 폭력의 하나인 성범죄에 해당해요. 온라인에서 성에 관한 정보를 쉽게 얻을 수 있는 만큼 자신도 모르게 마우스 클릭만으로 가해자가 될 수 있으므로 스스로 멈춰야 한다고 말하고 있어요.

이미 엎질러진 물

2013년 가을이었다. 학교를 마치고 집에 돌아와 테이블에 놓여 있는 신문을 펼쳤다. 그리고 놀라운 이야기를 접했다. 플로리다주에 사는 레베카라는 열한 살 아이가 마을 급수탑 위에서 몸을 던져 스스로 목숨을 끊었다는 것이다. 사이버 폭력 때문이었다.

"이 계집애야. 자살이나 해."

"왜 아직도 살아 있어?"

"넌 정말 못생겼어."

그 아이가 받은 메시지들은 그냥 봐도 생각 없이 아무렇게나 막 쏟아낸 말이었다. 그런 말들이 모여 결국 나보다 더 어린 동생을 벼랑 끝으로 밀어버린 것이다.

순간 한때 친구들에게 따돌림을 당했던 일이 떠올랐다. 하지만 레베카처럼 죽음까지는 감히 생각하지도 못했다. 그런데 이 아이는 얼마나 고통이 심했을까 생각하니 마음이 아프면서 화가 났다. 그날 잠을 설쳤다.

다음 날 학교에서 친구들은 아침 인사 대신 레베카 이야기로 하루를 시작했다.

"어제 뉴스 봤어? 어떻게 그런 일이……."

"그렇게 힘들었는데 아무도 도와주지 않은 걸까?"

"예전에 열네 살 아이가 악플 때문에 옷장에서 목을 맸다는 뉴스를 봤어."

뿐만 아니었다. 타일러라는 열여덟 살 학생이 조지 워싱턴 다리에서 뛰어내린 사건도 있었다. 남자친구와 보낸 시간을 친구들이 장난으로 녹화해서 소셜 미디어에 퍼뜨린 것이다. 나와 친구들은 끔찍한 소식을 접하고 나서야 사이버 폭력이 얼마나 무서운지 새삼스럽게 실감했다.

"막을 방법이 없을까?"

나의 물음에 친구들이 말했다.

"이미 소셜 미디어 사이트들이 이런 문제를 막기 위해 조치를 취하고 있잖아."

"그래, 수업 시간에도 항상 교육을 받고."

나는 그 자리에서 관련 사이트를 다시 검색해 보았다. 사이버 폭력을 예방하는 사이트에서 하는 이야기들은 대부분 비슷했다.

"가해자로부터 스스로 방어하고 당장 부모님이나 선생님께 말하라."

하지만 이건 어디까지나 일이 벌어지고 난 뒤의 방법이었다. 그리고 오롯이 피해자가 노력해야 하는 것이었다.

'괴롭히는 가해자가 문제인데 왜 피해자가 노력해야 한다고 말할까?'

악플을 달지 못하게 하는 것이 먼저라는 생각이 들었다. 나는 피해가 발생하기 전에 막을 방법을 찾고 싶었다.

게시글을 올리려는 사람에게 기회를 주면 어떨까?

'악플을 다는 아이들은 정말 나쁠까?'

'괴롭히는 아이들은 도대체 무슨 생각으로 그러는 걸까?'

궁금증은 꼬리에 꼬리를 물었다. 하지만 이런 질문에 대답해 주는 사람도, 정보도 없었다. 나는 직접 답을 찾기로 했다. 학교에서 틈만 나면 뉴스를 검색했다. 악플을 다는 것뿐만 아니라 대화방에서 왕따를 시키거나 사진과 영상을 유포하는 등 괴롭히는 방법도 다양했다. 그러다 내 생각을 번뜩이게 할 만한 기사를 발견했다.

"청소년기의 뇌는 마치 브레이크가 없는 차와 같다."

위험하다고 생각하면서도 멈출 수가 없다는 것인데 그것이 뇌 발달과 관련이 깊다고 했다. 뇌의 앞쪽에 있는 전두엽은 성급하고 충동적인 결정, 갑작스러운 감정을 조절한다. 그런데 청소년기에는 전두엽이 불완전하다는 것이다. 뇌는 뒤쪽에서 앞쪽으로 발달하여 25세가 되어야 비로소 뇌 앞쪽의 전두엽이 완성되기 때문이었다.

나는 이 중요한 사실을 친구들에게 말해 주고 싶었다. 점심시간이 되기를 기다렸다가 식판을 들고 친구 에릭이 있는 곳으로 갔다. 에릭과 나는 과학에 관심이 많아 이야기를 자주 나누곤 했다.

"에릭, 나는 사이버 폭력이 나쁜 의도가 있었다기보다는 자신이 한 말과 행동이 어떤 결과를 초래할지 몰라서 벌어진 경우도 많을 거라는 생각이 들었어."

에릭은 파스타를 입에 물고 황당한 표정을 지었다.

"트리샤, 다짜고짜 무슨 소리야. 너 설마 아직도 그 생각을 하는 거야?"

"맞아. 꼭 해결하고 싶어서 그래. 아무튼 나쁜 의도가 아닐 수도 있다는 거야. 청소년기의 뇌는 불완전하대."

그리고 내가 알게 된 정보들을 에릭에게 늘어놓았다. 점심시간이 뇌과학 시간으로 바뀐 것은 미안했지만 식사보다 더 큰 의미가 있을 거라고 생각했다. 내 이야기를 듣던 에릭이 물었다.

"그럼, 뇌에 브레이크가 없으니까 충동적으로 행동하는 가해자들을 이해해 주자는 거야?"

"아니. 생각과 행동에 브레이크가 없다면 만들면 되지!"

메시지를 게시하기 전에 한번 생각할 수 있는 메시지가 또 뜬다면 결과는 달라질 수 있을 것 같았다. 이번에는 에릭의 눈빛이 바뀌었다. 아까의 황당함에서 호기심으로 말이다.

"트리샤! 그거 색다른 발상인데? 그런데 어떻게 할지 계획은 있어?"

"만약 네가 악플을 올리려고 하는데 그 글이 누군가에게 상처를 줄 수 있다고 경고한다면 그 글을 올릴 거니?"

"나는 누군가에게 상처를 주는 사람이 되고 싶지는 않아. 올리지 않을 것 같은데? 그런데 다 우리 같지는 않겠지. 우리는 적어도 나쁜 행동을 하려고 마음먹은 적이 없으니까."

나는 다른 말은 들리지 않았다. 단지 '올리지 않을 것 같다.'는 말이 희망처럼 느껴졌다. 오늘 내가 먹는 점심 메뉴가 무엇인지도 모른 채 음식을 입에 욱여넣으며 생각했다. 당장 실천해 보기로 말이다. 수업이 끝나기만을 기다렸다.

이 메시지는 누군가에게 상처를 줄 수 있습니다

내가 알고 있는 모든 과학지식과 기술을 사용해 소프트웨어를 구상했다. 거의 도서관에 살다시피 하며 '리씽크ReThink'라는 소프

트웨어 프로그램을 만들었다. 이 프로그램은 불쾌감을 주는 단어나 문장을 골라내고 게시글을 올리기 전에 메시지 알림을 띄운다.

'이 메시지는 누군가에게 상처를 줄 수 있습니다. 정말 올리실 건가요?'라고 말이다.

나는 학교와 도서관 주변을 지나는 학생들을 대상으로 실험하기 시작했다.

"정말 그게 가능할 것 같아? 사이버 공간에서 네가 하는 게 도움이 될까?"

힘 빠지는 말을 하는 친구들도 있었지만 아랑곳하지 않았다.

먼저 남학생 150명, 여학생 150명, 총 300명을 목표로 잡았다. 그룹도 그냥 그룹과 다시 생각하기 그룹으로 나누어 결과를 보기로 했다. 지나가는 친구를 붙잡고 5개의 악성 메시지 샘플을 보여 주며 SNS에 올릴지 결정하게 했다. 그리고 다시 생각하기 그룹에는 한 번 더 메시지를 띄웠다.

한 사람당 5번씩 반복해 테스트를 진행했다. 300명에게 1,500번의 실험을 한 셈이다. 너무 힘들어 중간에 포기하고 싶을 때도 있었지만 친구들의 답변이 버티게 해 주었다. 내가 만든 프로그램을 이용한 친구들은 몇 초의 시간이 주어지자 행동이 바뀌었고, 이것을 직접 확인했기 때문이다.

처음엔 4분의 3의 학생들이 아무런 고민 없이 게시한다고 말했다가, 알림창이 뜨자 게시한다고 말했던 학생 대부분이 행동을 멈췄다. 사이버 폭력이 일어날 확률을 절반으로 낮춘 것이다. 나는 그동안의 힘들었던 과정들이 모두 날아갈 만큼 기뻤다.

이후로도 나는 멈추지 않았다. 2014년 세계적인 과학 경진 대회에 나가기로 마음먹었다. 구글 사이언스 페어는 나와 같은 친구 1만여 명이 출전한 자리였다. 나는 결승에 진출했는데 최종 우승은 하지 못했다.

하지만 테드에서 연설할 기회를 얻어 많은 사람들에게 내 연구를 알릴 수 있게 되었다. 나는 무대에 서서 생각하지 않고 올리는 글 한 줄이 얼마나 위험한지 힘주어 말하기 시작했다.

연설을 시작하겠습니다

> " 글을 쓰기 전에 한 번만
> 다시 생각해 보세요 "
>
> – 테드, 2014년

제 이름은 트리샤 프라부입니다. 열네 살이고 미국 일리노이주 네이퍼빌에서 왔어요. 저는 사이버 폭력 피해가 발생하기 전, 그 근원에서부터 문제를 해결하는 데 적극적으로 참여하고 있습니다.

2013년 가을에 겨우 열한 살이던 레베카가 목숨을 잃은 기사를 읽었습니다. 동급생들에게 반복적으로 사이버 폭력을 당해서 마을의 급수탑에서 죽음을 선택한 것입니다. 저는 충격을 받고 분노했습니다. 저보다 어린 아이가 스스로 목숨을 끊었다는 것을 용납할 수 없었습니다.

그때부터 제 여정이 시작되었습니다. 다시는 이런 일이 일어나지 않도록 무언가 해야 한다고 생각했습니다. 하지만 레베카가 참아 내야 했던 고통과 슬픔은 이미 엎질러진 물입니다. 만약 피해가 발생하기 전에 그것을 막을 수 있었다면 레베카는 아직 살아 있을까요?

사이버 폭력은 굉장히 심각한 문제입니다. 미국에서만 52%의 청소년이 사이버 폭력을 당한 적이 있다고 했습니다. 그중에 38%는 자살하고 싶을 만큼 고통을 받았습니다.

저는 이 문제를 전 세계적인 관점에서 바라봤어요. 세계 인구의 4분의 1이 청소년이고 무려 18억 명에 달합니다. 상상해 보세요. 소셜 미디어에 접속하는 수많은 청소년이 사이버 폭력을 당하는 것을요.

편견을 가지는 것일 수도 있지만 저는 괴롭히는 아이들이 사악한 의도를 가진 악마는 아니라고 생각해요. 그렇다면 어른들은 소셜 미디어에서 착하게 행동할까요? 그에 대한 답을 알기 위해 혼자 연구했습니다.

그러다가 뇌는 매우 흥미로운 방식으로 발달한다는 것을 알게 되었습니다. 전두엽이라고 하는 뇌의 앞부분은 완성되는 데 13년이 걸립니다. 25세까지 서서히 발달하는데, 청소년 시기는 감각이 무뎌 위험하고 충동적인 결정을 내리기 쉽다는 것이죠. 전두엽은 의사 결정을 제어하기 때문입니다.

놀랍게도 이것이 소셜 미디어에 적용됩니다. 중요한 건 소셜 미디어 자체는 그 게시물이 위험한지 아닌지 가려낼 수 없다는 것이죠.

그래서 생각했습니다. 만약 게시글을 올리려고 하는 사람들에게 기회를 준다면 어떨까요? 글을 올리기 전에 이렇게 경고하는 거예요.

"잠깐만 기다려. 너 지금 누군가에게 굉장히 상처가 될 수 있는 메시지를 올리려고 해. 정말로 메시지를 게시하고 싶은 게 확실하니?"라고 말이지요.

저는 1,500건의 실험을 진행했습니다. 처음에는 공격적인 글을 올리겠다는 사람이 71.4%였지만 경고메시지를 받고 나서는 4.6%로 줄었습니다. 자판을 치기 전에, 글을 게시하기 전에, 그리고 피해를 주기 전에 생각하는 것이 효과적임을 증명해 낸 것입니다.

엔터 버튼을 누를지 말지 고민하는 그 몇 초가 미래에 굉장한 영향을 끼칩니다. 여러분 앞에 앉은 마음에 들지 않는 아이나 짜증 나는 상사에 대해 공격적인 메시지를 게시하는 것은 그 사람들의 삶과 미래를 좌우할 수 있습니다.

여러분께 부탁드립니다. 잠깐 멈춰 숨을 돌리고 자신이 무엇을 하고 있는지 생각해 보세요.

그리고 '리씽크'를 선택하세요.

엔터를 누르기 전에 다시 한 번 생각하세요.

피해가 발생하기 전에요.

세상은 지금

❗ 보이지 않는 폭력, 사이버불링

이메일, 메신저, 온라인 게임, SNS 등에서 누군가를 집단으로 따돌리거나 집요하게 괴롭히는 것을 사이버불링cyberbullying이라고 해요. 사이버불링은 가상공간을 뜻하는 '사이버cyber'와 집단 따돌림을 뜻하는 '불링bullying'을 합한 말이에요.

사이버불링의 피해는 여러 가지가 있는데, 여러 명이 모인 대화방에 피해 학생을 초대하여 단체로 욕설을 하는 '떼카', 반대로 단체 대화방에 특정 학생을 초대한 뒤 혼자만 남겨두고 나가버리는 '방폭', 빵셔틀과 비슷한 행동으로 피해 학생의 데이터를 빼앗아 써 금전적으로 피해를 주는 '와이파이 셔틀'도 있어요. 학교 안에서 벌어지던 폭력이 사이버 공간으로 옮겨온 거지요. 이런 현상은 요즘 또 하나의 학교 폭력 문제가 되고 있어요. 친구들 사이에서 일어난 문제가 아니더라도 아이디어를 도용해 마치 그 사람인 것처럼 행동하거나 스토킹을 하는 것도 모두 사이버불링에 해당해요.

사이버불링의 종류

사이버스토킹	특정인이 싫다고 했음에도 불구하고 인터넷이나 스마트폰을 통해 계속 말, 글, 사진, 그림 등을 보내 공포심과 불안감을 유발한다.
사이버 비방	인터넷이나 스마트폰을 통해 특정인에게 욕설, 비속어, 모욕적인 메시지 등을 전달한다.

이미지 불링	특정인을 비난하거나 모욕하기 위해 다른 사람에게 알려지기를 원하지 않는 사진이나 동영상을 유포한다.
아이디 도용	특정인의 아이디를 이용해 사이버상에서 마치 그 사람인 것처럼 행동한다.
사이버 갈취	인터넷이나 스마트폰을 이용해 특정인에게 돈, 사이버 머니 등을 요구하거나 데이터, 소액 결제 등의 비용을 부담하게 한다.
사이버 성폭력	특정인에게 성적인 메시지를 보내거나 성적인 모욕 등을 한다.
사이버 감옥	단체로 욕설 및 괴롭힘이 집행되는 단체 대화방에 피해자를 초대한 후 피해자가 괴로움에 방을 나가면 계속해서 초대해 괴롭힌다.
사이버 따돌림	사이버상에서 피해자가 말을 하거나 초대되면 다른 구성원들이 모두 나가거나 친구 신청을 배제한다.
플레이밍	특정인을 자극해 일부러 다툼 또는 분란을 일으켜 특정인이 문제가 있음을 드러나도록 한다.
안티카페	페이스북, SNS 모임 기능을 통해 특정인에 대한 비방 정보나 비난을 게재하는 모임을 만들고 피해자는 제외한 반 친구 등을 초대해 비방한다.
사이버 명령	인터넷이나 스마트폰을 이용해 특정인에게 원하지 않는 행동을 강요하거나 심부름을 시킨다.
사이버 왕따놀이	사이버상에서 특정 그룹에 소속된 사람들끼리 번갈아 가면서 소속된 사람을 일방적으로 욕하거나 비방, 모욕한다.

❗ 사이버불링은 얼마나 위험할까요?

SNS는 수많은 사람이 이용해요. 그렇기 때문에 상처가 되는 말을 한

마디씩만 남겨도 피해자는 마치 사람들이 몰려 있는 광장에서 괴롭힘을 받는 것 같을 거예요. 특히 사이버불링은 시간과 공간에 구애를 받지 않기 때문에 괴롭힘이 지속적으로 일어나기도 해요. 우리나라 십대 10명 가운데 4명은 사이버 폭력을 경험했다고 하니 우리 주변에도 흔하게 일어나는 일인 셈이지요.

이런 괴롭힘을 당하면 대부분은 적절하게 대응하지 못해요. 충동적으로 분노가 일고 화를 참지 못해 상대방을 공격하면서 2차 폭력이 더 크게 일어날 가능성이 높아요.

또 괴롭힘에 힘들어 하다가 우울증이나 불안 등 정신 건강 문제를 겪기도 해요. 이런 일이 계속되면 공부를 하는 데에도 어려움이 따를 수밖에 없어요. 심각하게는 약물이나 알코올 사용과 같은 위험한 행동을 하려고도 해요.

가해자들은 사이버불링을 별다른 죄의식 없이 친구들끼리 하는 단순한 장난 정도로 인식하지만, 피해 학생들에게는 결코 가벼운 경험이 아니란 걸 기억해 주세요.

내가 바꾸는 세상

❗ 푸른코끼리 포럼의 연사 되기

'푸른코끼리'는 청소년 사이버 폭력을 예방하고 근절하기 위해 활동하는 프로젝트로, 2020년부터 시작되었어요. 푸른나무재단과 교육부, 여성가족부, 사랑의열매, 삼성그룹이 함께 추진하는 사회공헌 활동이지요.

푸른코끼리에서는 매년 포럼을 개최해요. 세계적으로 저명한 연사들을 초청하기도 하지요. 이 포럼에서는 사이버 폭력에 대한 자신의 경험을 이야기하고 생각을 나눌 청소년 연사도 모집하고 있어요.

2022년에는 트리샤 프라부가 초청되었어요. 트리샤는 이날 연설을 하면서 이런 말을 했어요.

"여러분의 목소리는 여러분이 알고 있는 것보다 훨씬 강력해요. 세상을 바꾸기 위해 천재적인 아이큐나 멋진 실험복을 가질 필요가 없어요. 주위를 둘러보고 우리 눈앞에 있는 문제가 무엇인지 생각해 봐요."라고 말이지요.

용기 내어 여러분의 목소리로 사회참여를 해 보세요.

3장

가짜 뉴스를 막아 주는 착한 앱

최형빈

> 미디어를 접할 때
> '한 번 더 생각해 보는 습관'이 중요하다고 생각합니다.
> 내가 접한 콘텐츠나 정보를 누가 만들었는지,
> 어떤 관점에서 왜 만들었을지를 생각해 보면
> 그 정보를 다른 시각에서 바라볼 수 있습니다.
>
> ―― 김아미

미디어 리터러시를 오랫동안 연구한 김아미 박사가 한 말이에요. 미디어 리터러시는 디지털 세상에 발을 들여 콘텐츠를 이해하고, 그 안에서 나의 일상과 생각을 공유하며 다른 사람의 말을 이해하고 소통하는 것이라고 했어요. 그러면서 '나만의 필터'를 만드는 습관이 굉장히 중요하다고 강조했어요.

순식간에 퍼진 가짜 뉴스

    2019년 12월, 중학교 2학년의 겨울방학을 즐기고 있었다. 그러던 어느 날 뉴스에서 전염병 소식이 들렸다. 원인을 알 수 없는 폐렴 증상이 중국 우한을 중심으로 빠르게 퍼지는 중이라고 했다. 한참이 지나서야 이 병의 원인이 밝혀지면서 공식 명칭도 정해졌는데, 바로 '코로나바이러스감염증-19'였다. 하지만 나는 이때까지만 해도 겨울방학을 어떻게 보낼지에 더 신경을 쓰고 있었다.

    그로부터 한 달 후인 2020년 1월, 우리나라에도 첫 감염자가 발생했다. 코로나19는 전염성과 치사율이 높아서 매우 위험한 바이러스라고 했다. 그러자 나도 슬슬 겁나기 시작했다.

    '코로나19에 걸리면 죽을 수도 있다고? 내가 걸리면 어쩌지?'

학원에 가니 온통 코로나19 이야기였다.

"중국 정부에서 폭격을 해서 감염자들이 다 죽었대."

"가짜 치료제를 사용해서 감염자 18만 명이 죽었대."

친구들이 전하는 소식은 갈수록 나를 두렵게 만들었다.

나는 인터넷에 접속해서 코로나19의 증상이나 예방하는 방법, 치료 방법 등을 검색했다. 하지만 코로나19에 관한 소식을 알려주는 공식 홈페이지가 없고, 뉴스나 기사마다 전하는 내용도 서로 달랐다.

정확한 정보를 찾기 어려운 상황 속에서 출처를 알 수 없는 정보들이 마구 쏟아졌다. 특히 확진자에 대한 허황한 소문과 조작된 정보는 전염병보다 빠르게 번졌다. 관련 기사마다 온갖 억측과 비방, 욕설이 섞인 댓글이 달렸다.

'내가 코로나19에 걸리면 나에게도 이런 댓글이 달릴지도 몰라.'

나와 관련된 루머가 사실 여부에 상관없이 퍼져 나가는 모습이 눈앞에 그려지자 오싹 소름이 돋았다.

정확한 정보를 알려 주는 앱을 만들다

가짜 뉴스가 사람들에게 불안과 혐오를 부추겨서 더 큰 재난을 불러일으킬지 모른다는 생각이 커질 무렵, 친구 찬형이가 뜻밖의 제안을 했다.

"우리 같이 코로나19 앱을 만들어 볼래? 코로나19에 관한 정보를 알려주는 앱 말이야."

알고 보니 찬형이도 나와 비슷한 고민을 하고 있었다고 했다. 나는 찬형이의 제안을 흔쾌히 받아들였다. 정확한 정보를 알려 주는 앱이 있으면 코로나19에 제대로 대처해서 자신을 지킬 수 있을 거라는 생각이 들었기 때문이다.

우리의 목표는 명확했다. 바로 공신력 있는 기관의 정보를 사람들에게 쉽게 전달하는 것이었다. 나는 새로운 도전을 앞두고 가슴이 두근거렸다. 하지만 문제가 있었다. 우리는 둘 다 앱을 개발해 본 경험이 전혀 없었다. 시작은 호기로웠지만, 본격적으로 시작하려고 하니 자신감이 슬그머니 사라졌다. 그러다가 문득 찬형이를 보았다.

'그래, 찬형이가 있지. 우리 둘이 힘을 합치면 못할 게 뭐가 있겠어? 한번 부딪쳐 보자.'

잠시 주춤했던 마음에 다시 기운이 났다. 찬형이와 함께라고 생각하니 무슨 일이든지 부딪쳐 볼 용기가 생긴 것이다.

그날부터 나와 찬형이는 학원 가는 시간을 제외하고는 온통 앱 개발에 매달렸다. 우선 역할을 분담하여 작업을 시작했다. 앱에 대한 관심이 많았던 나는 콘텐츠 개발을 담당했다. 데이터 수집과 업데이트는 찬형이가 맡았다.

하지만 쉽지는 않았다. 전문적인 지식이 없던 우리는 코드 하나를 짤 때도 번역기를 돌려가며 해외 포털 사이트에서 자료를 찾았다. 또 코딩 책을 펴놓고 예제나 샘플을 살펴보면서 공부해야 했다. 밤을 꼴딱 새우는 날도 있었다.

그렇게 일주일을 노력한 끝에 마침내 앱을 완성했다. 제대로 코드를 짜 본 적도 없던 우리가 이걸 해내다니, 말할 수 없이 뿌듯했다.

이 앱이 정말 사람들에게 도움이 될까?

2월 초에 드디어 우리가 만든 앱 '코로나나우'가 완성되었다. 이 앱은 포털 사이트의 최신 뉴스, 질병관리본부의 보도자료, 텐센트나 블룸버그, 존스홉킨스대학교 등 신뢰할 수 있는 기관에서 발표한 검증된 자료를 이용해 코로나19의 주요 뉴스, 확진자 현황, 선별진료소 등의 정보를 실시간으로 알려 주었다.

'이 앱이 정말 사람들에게 도움이 될까?'

사실 앱을 완성한 후에도 확신이 들지 않았다. 하지만 이런 생각은 기우에 불과했다. 2월 중순쯤 지역 커뮤니티를 통해 입소문을 타기 시작하더니 신문에서 우리 이야기를 보도했다. 인터뷰한 기사가 SNS를 통해 퍼지면서 우리가 만든 앱은 곧바로 포털 사이트의 실시간 검색어 1위까지 올랐다.

그러던 중에 내가 사는 대구를 중심으로 코로나19 환자가 폭발적으로 늘었다. 사람들의 공포심도 극에 달했다. 개학이 미루어지고 회사와 가게도 문을 닫았다. 다들 집에 갇힌 듯 꼼짝도 하지 않았다. 그럴수록 '코로나나우'의 이용자 수도 늘었다. 서버가 마비되기까지 했다.

그만큼 많은 사람이 신뢰할 만한 정보를 찾고 있던 것이다. 자신과 가족이 언제 코로나에 걸릴지 몰라 불안에 떨던 사람들은 이 앱을 이용하고 나서 고마움을 담은 메시지를 남기기도 했다.

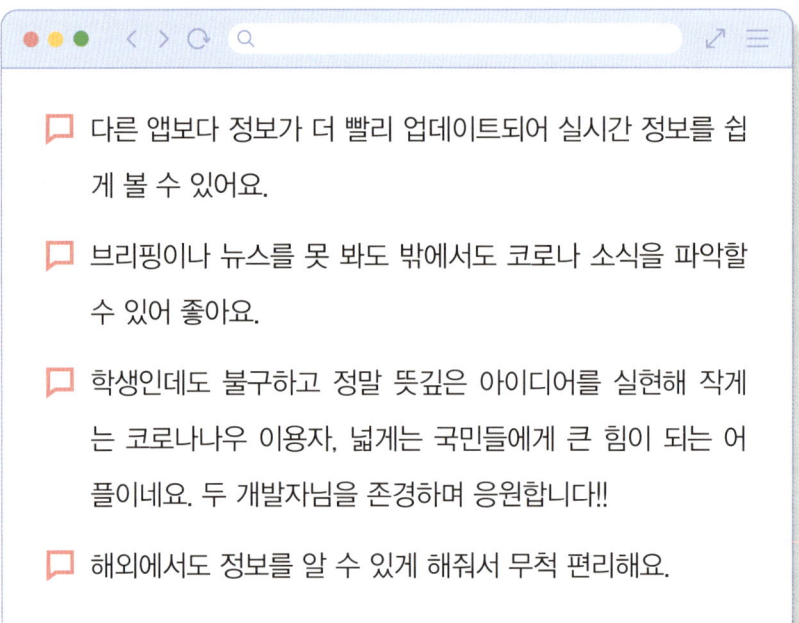

사람들에게 정확한 정보를 알려 주자며, 찬형이와 처음 뜻을 모을 때 세운 목적을 이룬 것 같아서 안도감이 들었다.

얼마 후, EBS 방송국에서 연락이 왔다. 다양한 분야에서 활동하는 청소년들이 자신의 아이디어를 발표하고 청중과 이야기를 나누는 '10대가 말하다 틴스피치'라는 방송에 나와 달라는 제안이었다. 나는 떨리는 가슴을 안고 카메라 앞에 섰다.

─── 연설을 시작하겠습니다 ───

 가짜 뉴스로 인한 두려움은
더 큰 재난으로 이어질 수 있습니다

- EBS '10대가 말하다 틴스피치', 2020년

제가 앱을 만들었다고 하면 사람들이 '하루 종일 컴퓨터 앞에 앉아서 개발만 하겠지?', '코딩 천재인가 봐.'라고 오해를 많이 합니다. 솔직히 저는 어렵고 복잡한 코딩은 잘 모르는, 그저 게임을 좋아하는 평범한 중학생입니다. 그런데 어떻게 앱을 개발할 수 있었냐고요? 바로 두려움 때문이었습니다. 코로나19에 대한 엄청난 두려움이요.

그 두려움의 시작은 '가짜 뉴스'였습니다. 코로나19가 처음 중국에서 퍼지기 시작했을 때를 기억하시나요? 아직 국내에는 코로나19가 퍼지지 않았을 때라 질병관리본부에 코로나 사이트도 없었고 정보가 정말 부족했습니다. 그렇다 보니 확진자가 한 명만 나와도 불안감이 극에 달했죠.

하루는 학원에 갔는데 친구들이 이상한 말을 하는 거예요. 중국 정부에서 폭격을 해서 감염자들이 다 죽었다고도 하고, 또 누구는 가짜 치료제 때문에 감염자 18만 명이 죽었다고도 했습니다. 당시 십 대들 사이에서 이런 가짜 정보들이 정말 많이 돌았어요. 출처를 알 수 없는 뉴스들이 인터넷을 통해 순식간에 퍼지고, 또 그걸 사실처럼 믿는 친구들을 보면서 정말 혼란스러웠습니다.

실제로 통계를 보니까 가짜 뉴스 관련 키워드가 6만 5,000여 건에 달했고, 이와 관련된 스팸 메시지도 1만 건에 이른다는 것을 알게 되었습니다.

문제는 가짜 뉴스로 인한 공포가 인터넷상에서 끝나는 게 아니라 중국인을 향한 인종차별 행위로까지 이어진다는 것이었습니다. 한 음식점에서는 출입문에 '중국인 출입 금지' 안내문을 써 붙이기도 하고, 청와대 국민청원게시판에 '중국인 입국 금지 요청' 청원이 올라오기도 했습니다.

가짜 뉴스로 인한 혼란과 두려움이 결국은 더 큰 재난으로 이어질 수도 있겠다는 생각이 들었습니다. 그리고 코로나19에 대한 정확한 데이터와 정보를 파악하는 게 시급하다고 생각했습니다. 그래야 코로나19에 제대로 대처하고 제 자신을 지킬 수 있을 테니까요.

(중략)

그래서 저는 코로나19로 인한 사람들의 불안과 두려움을 극복하기 위해 앱 개발을 시작했습니다. 그게 저희 같은 청소년들이 할 수 있는 최선이었으니까요.

앱 개발을 통해 얻은 가장 큰 수익이 무엇이었을까요? 바로 경험이었습니다. 사실 이러한 일은 저 같은 중학생이 쉽게 할 수 있는 것은 아니잖아요. 저는 지금의 이 경험이 제 삶의 큰 자산이 될 거라 믿습니다.

물론 그 과정에서 어려움도 있었지만 결국 저희의 노력은 좋은 결과를 얻었고, 개발한 앱과 웹사이트에서 생긴 광고 수익금을 좋은 곳에 사용하다 보니까 예상치 못하게 값진 경험도 쌓아가고 있습니다.

선행이 선행으로 이어지는 선순환을 지켜보며 좋은 일의 영향력과 그 힘을 느낍니다. 저희가 만든 앱이 그랬듯이 사람들에게 도움이 되고, 더 나아가 사회에 조금이라도 보탬이 될 수 있는 새로운 것들을 앞으로도 꾸준히 개발해 보고 싶습니다.

세상은 지금

❗ 가짜 뉴스가 빨리 퍼지는 이유

코로나19 확진자가 무더기로 발생하면서 사람들이 점점 더 불안해하자 그 틈에 SNS와 인터넷을 통해 가짜 뉴스가 급속히 퍼졌어요.

확진자의 동선이 잘못 알려져서 주변에 혼란이 생기거나 확진자가 확진 사실을 숨기고 음식을 만들어서 팔고 있다는 헛소문이 퍼지기도 했지요. 이러한 가짜 뉴스는 코로나19가 시작된 지 한 달이 지났을 무렵에 무려 6만 건에 달했어요.

문제는 가짜 뉴스로 인한 공포가 인터넷상에서 끝나는 게 아니라는 것이었어요. 확진자에 대한 유언비어를 퍼뜨려서 이웃 사이에 불화가 생기기도 했고, 코로나19를 치료하는 방법이라고 알려진 잘못된 정보를 따라 했다가 죽음에 이른 사람도 있었지요.

가짜 뉴스가 이토록 늘어난 건 인터넷이나 SNS의 발달과 관련이 있어요. 인터넷이 발달할수록 정보가 빠르고 넓게 퍼지는 데다가, SNS를 통해서 누구나 손쉽게 정보를 주고받으면서 가짜 뉴스가 홍수처럼 불어났거든요. 게다가 정보를 얻는 방식이 신문과 방송 등 전통적 미디어에서 스마트폰을 이용한 SNS와 유튜브 등으로 바뀌면서 가짜 뉴스에 노출되는 경우도 많아졌어요.

❗ 미디어 리터러시가 필요해요!

가짜 뉴스가 빠르게 늘고 있는 오늘날, 미디어 리터러시의 필요성은 더욱 커지고 있어요.

미디어 리터러시란 신문, 방송, SNS 등 정보를 전달하는 매체란 뜻의 '미디어'와 글을 쓰고 읽는 능력을 뜻하는 '리터러시'를 합한 말이에요. 즉, 미디어가 전달하는 내용을 제대로 이해하고 활용하는 능력이지요. 이를테면 정보의 출처와 근거를 확인해서 비판적으로 읽고, 내용을 정확하게 분석하고 이해하는 능력이라고 할 수 있어요.

그러려면 정보를 그대로 받아들이지 않고, 비판적으로 바라보고 합리적으로 생각하는 태도가 필요해요. 하지만 실제로는 새로운 정보를 접하면 별다른 의심 없이 그대로 다른 사람에게 전하는 경우가 많아요. 자신도 모르게 가짜 정보를 퍼 나르게 되는 거지요.

이럴 때를 대비해 미디어 리터러시를 갖추면 가짜 뉴스에 속는 일도 방지할 수 있고, 가짜 정보를 거르지 않고 다른 사람에게 공유하는 실수를 줄일 수 있어요.

내가 바꾸는 세상

❗ 가짜 뉴스 체크리스트

요즘 우리는 그 어느 때보다 정보의 홍수 속에서 살고 있어요. 유튜브를 비롯한 1인 뉴스부터 언론사의 인터넷 기사까지 하루에도 수많은 뉴스가 쏟아지지요. 최근에는 가짜 뉴스에서 얻은 잘못된 정보를 퍼뜨려서 많은 문제가 일어나고 있어요. 이렇게 정보와 뉴스를 무분별하게 받아들이기만 하면 잘못된 뉴스로 인한 피해를 입을 수 있어요. 하지만 그 속에서 진짜 뉴스를 찾기란 쉽지 않지요.

다음의 가짜 뉴스 체크리스트를 통해 진짜 뉴스와 가짜 뉴스를 구분해 낼 수 있는 미디어 리터러시 능력을 키워 보세요.

가짜 뉴스를 구별하는 방법

- ☐ 언론사의 이름, 기자 이름, 작성일이 나와 있는지 살펴봐요.
- ☐ 실체를 알 수 있는 전문가 의견이 실려 있는지 확인해요.
- ☐ 믿을 만한 언론사에서 나온 기사인지 확인해요.
- ☐ 기사나 글을 처음 접한 곳이 어디인지 찾아봐요.
- ☐ 참고 자료의 출처가 분명한지 살펴봐요.
- ☐ 예전에도 본 적이 있는 글인지 떠올려 봐요.
- ☐ 공유 수가 비정상적으로 많지는 않은지 확인해요.
- ☐ 상식에 어긋난 내용이 포함되어 있는지 살펴봐요.
- ☐ 뉴스에 한쪽의 입장만 나와 있는 것은 아닌지 살펴봐요.
- ☐ 기사의 제목이 자극적인지 확인해요.

출처 : 연세대 바른ICT연구소의 가짜 뉴스 체크리스트

4장
동물도 아픔과 고통을 느껴요

제네시스 버틀러

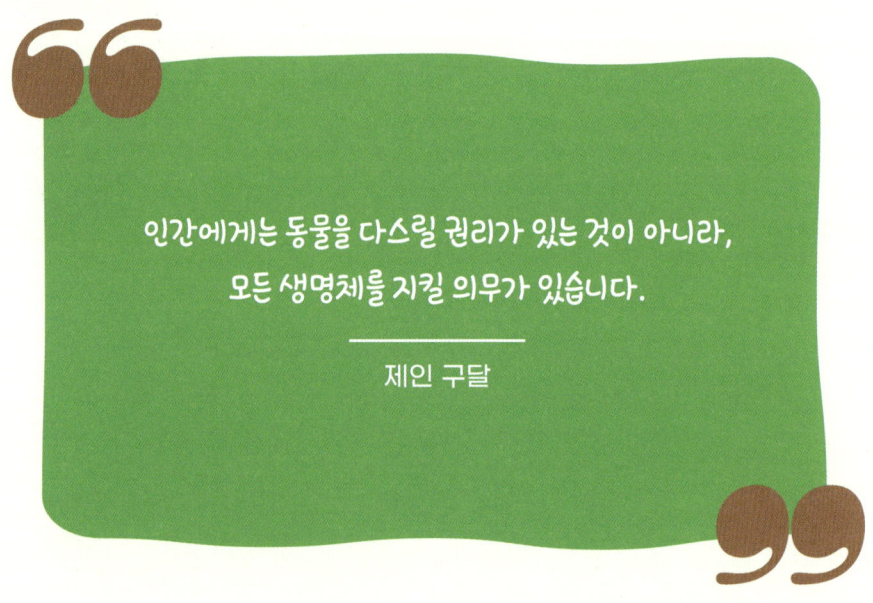

인간에게는 동물을 다스릴 권리가 있는 것이 아니라,
모든 생명체를 지킬 의무가 있습니다.

제인 구달

제인 구달은 세계적인 동물 행동학자이자 환경운동가에요. 10여 년간 침팬지와 함께 생활하면서 동물도 인간처럼 감정을 느끼고 의사소통한다는 사실을 발견했지요. 제인 구달은 인간이 동물과 자연을 존중하지 않으면 결국 인간도 살아남지 못할 것이라고 경고했어요. 그리고 인간은 모든 생명을 존중해야 한다고 말했어요.

가장 좋아하는 치킨너깃

　다섯 살 때였다. 우리가 키우는 닭인 꼬꼬가 마당에서 노는 모습을 구경했다. 꼬꼬의 뒤를 쫓아다니기도 하고, 물통에 물도 채워 줬다.
　'꼬르륵.'
　한참을 놀다 보니 무척 배가 고팠다. 나는 꼬꼬에게 손 인사를 하고 집으로 들어갔다.
　"엄마, 배고파요."
　나는 부엌으로 들어서자마자 소리쳤다. 그 순간, 맛있는 냄새가 코를 찔렀다.
　"오늘 저녁은 치킨너깃이에요?"

"응, 우리 제네시스가 가장 좋아하는 치킨너깃이야."

나는 신나서 식탁 앞에 자리를 잡고 앉았다. 엄마는 따끈하게 구운 치킨너깃을 접시에 담아서 식탁 위에 올려 주었다. 나는 얼른 포크를 들고 하나를 집어먹었다.

"음, 너무 맛있어요!"

엄마를 향해 엄지를 치켜들었다. 그런데 문득 치킨너깃에 무엇이 들었는지 무척 궁금했다.

"엄마, 이렇게 맛있는 치킨너깃은 뭘로 만들어요?"

엄마를 쳐다보며 물었다.

"닭고기로 만들지."

엄마는 아무렇지 않게 대답했다. 하지만 그 말을 들은 나는 눈이 휘둥그레졌다.

"네? 닭고기라고요? 제가 지금까지 꼬꼬 친구들을 먹은 거예요?"

내가 맛있게 먹은 음식이 동물로 만든 것이라는 사실을 처음으로 안 것이다.

나의 동물 친구들이 떠올랐다. 가끔 우리 집 마당에 찾아오는 길고양이, 이웃집에서 키우는 소, 숲에 가면 만날 수 있는 다람쥐. 그리고 우리 가족에게 매일 신선한 달걀을 선물하는 꼬꼬. 동물 친구들을 어루만지고 눈을 마주치다 보면, 동물도 행복이나 고통 같은 감정을 느끼고 있다는 걸 알 수 있었다.

나는 치킨너깃을 다시 바라보았다. 맛있겠다는 생각 대신 오늘 저녁 식사를 위해 죽은 닭이 불쌍하다는 생각이 들었다.

나는 조용히 포크를 식탁 위에 내려놓았다.

"제네시스, 왜 그만 먹니?"

엄마가 걱정스럽게 물었다.

"동물이 불쌍해서 못 먹겠어요. 고기를 꼭 먹어야 해요?"

나는 기운 빠진 목소리로 말했다.

"세상에는 다양한 사람들이 있어. 그중에는 제네시스와 비슷한 생각을 가지고 고기를 먹지 않는 사람도 있지. 그런 사람들을 채식주의자라고 해. 채식주의자는 고기 대신 채소나 과일, 해초 등을 먹는데 그것을 채식이라고 한단다."

"그렇다면 저도 이제부터 채식할래요!"

"그러면 엄마는 제네시스가 고기를 먹지 않아서 부족해진 영양분을 어떻게 채울 수 있을지 고민해 볼게."

엄마는 다정한 미소를 지으며 나의 결심에 동의해 주었다.

동물들이 행복하게 살 수 있도록

열 살이 되어서도 채식을 계속하는 동안, 나는 새로운 사실을 알게 되었다. 동물이 불쌍해서 채식을 시작한 나와는 달리 동물복지, 그러니까 동물의 행복한 삶을 위해 고기를 먹지 않는 사람도 있다는 것이다.

동물의 행복한 삶은 채식을 시작하기 전부터 내가 늘 바라는 것이었다. 그래서 이때부터 나도 본격적으로 동물 복지에 관심을 가지게 되었다.

동물의 삶은 알면 알수록 상상한 것보다 훨씬 더 비참했다. 인간에게 음식을 제공하기 위해 평생을 갇혀 지냈다. 또 따뜻한 옷

감에 쓰일 털을 마취도 없이 강제로 깎이거나 학대를 받으면서 동물 쇼를 준비해야 했다. 특히 새로운 약이나 화장품을 개발하기 위해 고문을 당하듯이 동물 실험에 동원되었다. 그걸 당연하게 여기는 인간의 모습은 매우 충격적이었다.

마침 4월 24일 세계 실험동물의 날을 맞이하여 동물 실험에 반대하는 행사가 열린다는 소식을 들었다. 실험 대상으로 이용되는 동물의 희생을 추모하고 동물 실험의 잔인함과 불필요성을 알리며, 연구와 실험 분야에서 동물 실험 중지를 외치는 행사였다.

그날 나는 행사에 참여해서 피켓을 들고 거리를 행진했다.

"동물도 인간처럼 고통과 아픔을 느낍니다!"

"동물 실험 대신 인공장기와 세포로 대체합시다!"

나는 사람들과 함께 힘껏 구호를 외쳤다. 심지어 모르는 사람들 앞에 서서 연설까지 했다.

"과학을 이용하면 동물 실험을 하지 않아도 됩니다. 동물 학대를 멈출 수 있는 기술을 사용해야 합니다!"

내성적인 성격을 가진 나는 평소 사람들 앞에 나서는 일이 거의 없었지만 이 순간만큼은 용기가 샘솟았다. 그동안 친구나 이웃과 동물 복지 이야기를 나누면 무관심하거나 비아냥거리는 말을 들을 때도 있어 속상했다. 하지만 이렇게 나와 같은 생각을 가진 사람들과 함께하니 나도 모르게 힘이 났다.

　세계 실험동물의 날 행사에 참여한 후로 동물들이 행복하게 살 수 있도록 돕고 싶은 마음이 더욱 간절해졌다.

　그러던 어느 날, 뜻밖의 기회가 찾아왔다. 테드에서 연사로 초대를 받은 것이다. 테드 역사상 최연소 연사라고 했다. 무대에 서기도 전에 설렘과 두려움으로 가슴이 터질 것 같았다. 솔직히 피하고 싶은 마음도 들었다. 사람들 앞에 서서 말하는 게 여전히 어려웠기 때문이다. 하지만 실험실, 도축장, 동물 공연장 등에서 이 순간에도 고통받고 있을 동물들을 떠올리면서 용기를 냈다. 그리고 흰 원피스를 멋지게 차려입고 무대에 섰다.

연설을 시작하겠습니다

> **음식을 바꾸면 지구를 살리고 동물을 구할 수 있습니다**
>
> - 테드, 2017년

저는 우리 세대와 다음 세대의 대표로 이 자리에 섰습니다. 동물과 동물의 몸에서 나온 음식을 먹는 것이 지구에 어떤 영향을 미치는지 생각해 본 적이 있으신가요?

아마도 대부분 채식이 어렵다거나 정말 하고 싶지 않다고 생각할 거예요. 엄마도 채식을 시작했을 때 옷장 뒤에서 초콜릿바를 몰래 먹기도 했답니다. 그때는 유제품이 들어가지 않아도 맛있는 초콜릿이 있다는 사실을 잘 몰랐던 때니까요. 물론 처음에는 고기를 먹지 않는 게 어려울 수 있습니다. 하지만 채식하는 방법을 알고 나면 점점 쉬워질 거예요.

먼저 마트의 농산물 코너에 가 보세요. 배부르게 먹을 수 있는 다양한 과일과 채소가 있습니다. 여러분이 좋아하는 음식을 채식 재료로 맛과 모양을 비슷하게 만들어 파는 회사도 있습니다. 동물과 지구가 피해를 보지 않으면서 여러분이 좋아하는 음식을 먹을 수 있습니다.

또 인터넷에 접속하면 몇 번의 클릭으로 영양이 풍부하면서도 맛있는 채식 요리법을 찾을 수 있습니다. 아직도 채식이 어려울 것 같나요? 실제로 해 보면 그렇지 않습니다. 채식 메뉴를 선보이는 식당도 점점 늘고 있습니다. 제가 가장 좋아하는 미국 원주민 속담이 있습니다.

"우리는 조상으로부터 지구를 물려받은 것이 아니라 후손들에게 빌려 쓰는 것이다."

우리와 다음 세대의 삶을 생각해 주세요. 여러분이 식생활을 바꾸면 지구를 살리고 동물을 구하는 일에 동참할 수 있습니다. 그래서 저도 여전히 치킨너깃을 좋아하지만, 채식을 포기하지 않았습니다. 우리가 먹는 음식을 올바르게 선택함으로써 지구에 사는 모든 생명체를 돕고 치유합시다.

세상은 지금

❗ 동물의 고통스러운 삶

지구상에서 매년 800억 마리 이상의 소, 돼지, 닭 등의 동물들이 인간의 식탁에 오르기 위해 도축되고 있어요. 대부분 공장식 축산으로 키워진 동물들이에요. 공장식 축산이란 동물의 타고난 습성을 고려하지 않고, 최대한 많은 수의 동물을 좁은 공간에 몰아넣고 한꺼번에 키우는 걸 말해요. 동물들을 공장에서 만들어 내는 물건처럼 다룬다고 해서 '공장식'이란 말이 붙었지요. 공장식 축산으로 길러지는 동물들은 평생을 좁은 공간에 갇혀서 억지로 살을 찌우거나, 임신과 출산을 반복하며 고통 속에서 살아요.

공장식 축산뿐만 아니라 동물 실험 문제도 심각해요. 전 세계에서 매년 약 2억 마리 이상의 쥐, 토끼, 개, 원숭이 등이 화장품과 약 개발 등 다양한 실험에 이용되고 있거든요.

우리나라의 경우는 2021년에 488만 마리의 동물들이 실험실에서 희생되었어요. 동물 실험은 동물이 겪는 고통을 기준으로 A등급에서 E등급까지 나누는데, 실험에 참여한 절반에 가까운 동물들이 가장 고통이 극심한 E등급 실험에 동원됐다고 해요. 동물들이 구토, 고열, 호흡곤란 등의 증상을 보이며 울부짖어도 실험은 계속되지요.

더욱 안타까운 사실은 우리나라에서 진행되는 동물 실험이 줄기는커녕 매년 15% 이상 증가하고 있다는 거예요. 동물 실험이 인간에게 똑

같은 결과일 확률은 5~10%에 불과한데도 말이에요.

이에 대해 동물 복지 단체들은 동물 대체 실험을 적극적으로 도입해서 실험에 희생되는 동물의 수를 줄여야 한다고 주장하고 있어요. 인공장기나 세포, 혹은 컴퓨터 프로그램을 활용하는 동물 대체 실험은 불필요한 동물의 희생을 막을 수 있지요.

❗ 동물 복지를 실천하려면 채식을 해야 하나요?

제네시스 버틀러는 동물의 고통을 줄이기 위해 지나친 육식을 피하면서 채식 위주로 식사하는 문화를 만드는 데 앞장서고 있어요.

그런데 한 가지 알아두어야 할 것이 있어요. 채식이라고 해서 고기를 하나도 먹지 않는 것은 아니에요. 채식주의자 중에는 제네시스처럼 고기는 물론이고 달걀과 우유처럼 동물의 몸에서 나오는 음식을 아예 먹지 않는 사람도 있지만, 달걀과 우유는 먹되 고기만 먹지 않는 사람도 있어요. 어떤 채식주의자는 아주 가끔씩 고기를 먹기도 하지요. 자신의 상황과 건강에 따라 얼마든지 다양한 방식을 선택할 수 있어요.

그렇다면 꼭 채식을 해야 동물 복지를 실천할 수 있을까요? 그렇지 않아요. 제네시스도 채식이 힘들다면 몇 가지 음식만 채식으로 바꾸기를 권하고 있어요.

세계적인 동물학자인 제인 구달도 무조건 채식만을 주장하지 않아요. 고기를 먹느냐 먹지 않느냐의 문제보다는 동물을 기르고 도축하는 과정에서 동물의 고통을 줄이는 문제가 더 중요하다고 말했어요. 채식이 아니더라도 달걀이나 우유 등을 살 때 동물 복지 인증 마크를 확인하고, 동물 실험을 하지 않은 물건을 사며, 동물을 이용한 쇼를 즐기지 않는 방법이 있어요. 반려동물을 아끼고 사랑하는 것도 동물 복지를 실천하는 방법이에요.

> 내가 바꾸는 세상

❕ 동물 복지 인증 제품

마트에서 이런 마크가 붙어 있는 상품을 본 적이 있나요? 이 마크는 '동물 복지 축산농장 인증마크'예요. 동물 복지 인증 기준에 따라 길렀다는 뜻이지요.

동물 복지 인증 마크

동물 복지 인증 기준은 축산물의 종류에 따라 조금씩 다르지만 본래 습성을 유지할 수 있는 쾌적하고 넓은 환경, 신선하고 깨끗한 물과 먹이, 정기적인 건강 관리 등이 있어요. 지금은 계란, 우유, 닭, 돼지, 소, 염소, 오리 일곱 가지만 동물 복지 축산물로 인증하고 있지요.

이러한 기준을 지키는 것은 동물을 고기나 달걀 등을 생산하는 도구로 취급하지 않으며, 더 나은 환경에서 지낼 수 있도록 인간이 윤리적인 책임을 진다는 데 의미가 있어요. 동물 복지 인증 제품을 찾는 사람이 많아질수록 동물은 더욱 편안하고 쾌적한 환경에서 살 수 있을 거예요.

🔵 멸종 위기 동물

지구상에는 약 170만 종의 동물이 있어요. 그중 4분의 1이 앞으로 20~30년 안에 지구상에서 완전히 사라질 수도 있다고 해요. 각 나라는 점점 줄어드는 동물을 '멸종 위기 종'으로 지정하여 보호하고 있어요. 멸종이란 동식물의 가장 기본 단위인 '종'이 지구상에서 완전히 사라져 버리는 거예요. 공룡처럼 말이에요.

동물이 멸종하는 이유는 환경 오염으로 지구 온난화가 진행되면서 서식지가 줄어들고 있기 때문이에요.

그렇다면 멸종 위기 동물을 보호하는 가장 좋은 방법은 무엇일까요? 먼저 꿀벌이나 까치, 수달 등 우리 주변에서 쉽게 볼 수 있는 동물을 존중하는 거예요. 지금은 흔해 보이지만 함부로 대하면 이 동물들도 언젠가는 멸종 위기에 놓일 수 있어요. 그리고 환경을 함부로 파괴하지 않고 깨끗하게 유지하려는 노력이 필요해요.

5장

바람으로 일으킨 기적

윌리엄 캄쾀바

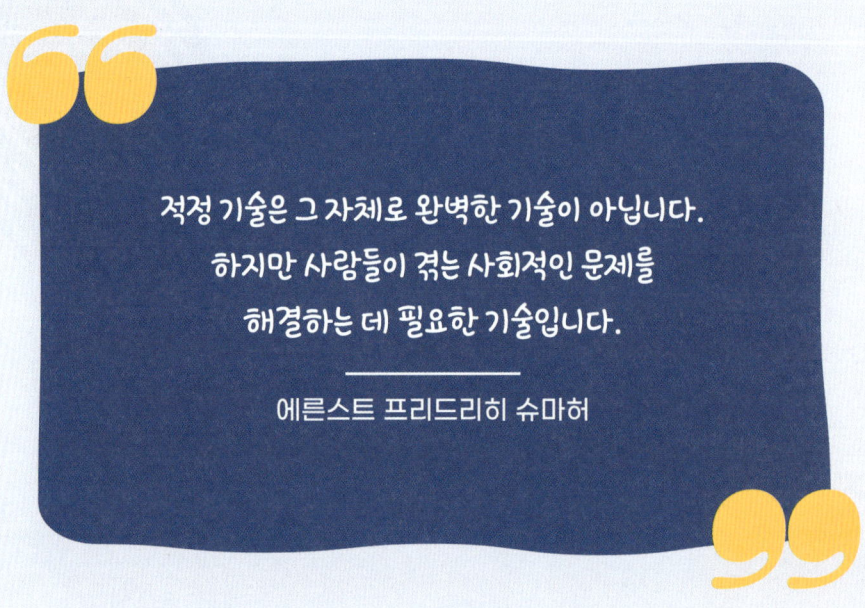

> 적정 기술은 그 자체로 완벽한 기술이 아닙니다.
> 하지만 사람들이 겪는 사회적인 문제를
> 해결하는 데 필요한 기술입니다.
>
> ─── 에른스트 프리드리히 슈마허

적정 기술이라는 개념을 처음으로 사람들에게 알린 경제학자 슈마허가 남긴 말이에요. 적정 기술은 첨단 기술의 혜택을 누리기 어려운 지역에서 지속적인 생산과 소비가 가능하도록 만들어진 기술을 말해요. 그래서 경제적인 이익이나 기술적인 완성도보다 사람들의 삶에 실질적인 도움을 주는 것이 더 중요하지요.

풍차가 그려진 한 권의 책

"윌리엄, 먹는 걸 줄여야 해. 있는 거 가지고 버텨야 하니까."

아침 식사가 없어진 지 얼마 되지 않아 엄마는 또 아껴야 한다고 말했다. 옥수수로 하루를 버티거나 익지도 않은 파란 망고를 먹는데도 말이다.

그러다가 신물이 목구멍으로 넘어올 때 나는 덜컥 겁이 났다. 얼마 전, 여러 달 동안 호박잎만 먹다 병들어 끝내 세상을 떠난 사촌처럼 되지 않을까 걱정이 됐기 때문이다. 친구 제프리도 영양결핍으로 다리가 풍선처럼 부어올라 힘들어 했다. 배고픔을 참는 것도, 굶주림에 사랑하는 사람들이 죽거나 병들어 가는 모습을 지켜보는 것도 고통이었다.

내가 사는 아프리카 말라위는 가난하고 가뭄과 홍수로 농사가 어려워져 식량을 구하기 어려웠다. 심지어 전기도 잘 들어오지 않았다. 그래서 60가구가 사는 이곳은 해가 지면 암흑으로 변했다. 날이 어두워지면 책을 읽거나 라디오도 들을 수 없었다. 자연스럽게 저녁 일곱 시가 되면 모두 잠자리에 들곤 했다. 마치 어둠에 온 마을이 갇혀 있는 것처럼 느껴졌다. 물론 급할 때는 석유램프를 사용하는데 눈이 따갑고 숨을 제대로 쉬지 못할 정도로 불편했다.

나는 중학생이었지만 1년을 다니다 그만둬야 했다. 우리 집은 일 년에 80달러인 학비를 낼 형편이 안 됐기 때문이다. 내가 학교를 다니면 우리 가족의 생필품이나 먹거리를 하나도 살 수 없을 정도였다. 뿐만 아니라 학교에 가지 못하는 건 나에게는 또 다른 배고픔이었다.

그렇다고 내가 당장 할 수 있는 일은 없었다. 그저 하루 종일 메마른 밭두렁에 앉아 멍하니 애꿎은 풀만 쥐어뜯다가 집으로 오는 것이 다였다. 답답했다. 하루빨리 가난에서 벗어나 학교에 가서 실컷 책을 읽고 싶었다. 그때 불현듯 학교 선생님이 했던 이야기가 떠올랐다.

'맞아! 선생님께서 우리 동네 윔베 초등학교에 작은 도서관이 생겼다고 했지?'

나는 이 생각이 머릿속을 스치자마자 도서관으로 뛰어갔다.

도서관의 천장까지 높다랗게 서 있는 책꽂이에는 책이 가득 채워져 있었다. 초등학교 도서관이었지만 중학생이 보는 교재와 철자법, 사회, 영어 등 내가 읽어도 좋을 만한 책들이 가득했다.

나는 매일 도서관에 갔다. 주로 물리에 관한 책을 꺼내 읽었다. 그러다 책 한 권이 내 눈에 들어왔다. 《에너지의 이용》이라는 책이었다. 표지에 있는 거대한 흰색 기둥에 선풍기의 날개 같은 것이 뱅글뱅글 돌고 있는 풍차 사진이 시선을 잡아끌었다. 책에는 풍차가 에너지를 만든다고 적혀 있었다. 나도 모르게 가슴이 뛰기 시작했다.

'마을에 전기가 들어온다면 농사에 이용할 수 있지 않을까?'

풍차가 그려진 한 권의 책은 이때부터 나의 인생을 바꾸어 놓았다.

사람들은 나를 미친 아이라고 했지

책에는 유럽과 중동에서 풍차를 이용해 물을 길어 올리고 곡식을 빻는다고 쓰여 있었다. 또 풍차는 펌프를 돌릴 수 있으니, 그 힘으로 논밭에 물을 댈 수 있다고 한다. 내 생각은 여기서 그치지 않았다. 이 펌프를 우물에 연결해서 지하수를 끌어올리면 1년에 한 번 하던 추수를 두 번도 할 수 있을 것 같았다. 게다가 발전기에 전선을 연결해 전구도 밝힐 수 있고 말이다.

무엇보다 비싼 발전기를 들이지 않고도 바람을 이용해 전기를 만들 수 있다는 것은 가난한 우리 마을에 딱 맞는 방식이었다. 말라위에서 유일하게 풍족한 것은 바람이었으니까. 나는 책을 덮으며 다짐했다.

'풍차를 만들자! 어쩌면 가난한 삶에서 벗어날 희망이 될지도 몰라.'

하지만 내 원대한 다짐과 달리 현실은 초라했다. 우선 마땅한 재료가 없고 그것을 살 돈도 없었다. 풍차의 몸통을 만들 고철과 뼈대, 날개를 어떻게든 스스로 구해야 했다. 다시 답답함이 몰려왔다. 하지만 풍차를 알기 전, 무엇을 해야 할지도 모를 때의 답답함과는 분명 달랐다. 희망이란 게 있기 때문이다.

한 달 동안 매일 일찍 일어나 재료들을 구하러 다녔다. 주로 쓰레기장에서 쇳조각과 낡은 부품을 주웠다. 풍차를 만들기 위해 쓰레기장을 뒤지는 것은 마치 새로운 것을 배우는 교실 같기도 했다.

풍차에 맞는 재료라도 찾는 날이면 신이 났다. 물론 좋은 일만 있었던 것은 아니었다. 두세 시간 동안 매일 쇳덩이를 헤집다 보니 손에 물집이 생겨 피가 나기도 했다.

쓰레기장 건너 학교 운동장에서 놀던 아이들은 그런 나를 놀려 댔다.

"윌리엄이 또 쓰레기를 뒤진다. 쓰레기 윌리엄!"

동네 사람들도 마찬가지였다.

"저 애는 쓰레기에 미친 아이 같아. 뭘 하려고 저러는 걸까."

심지어 엄마도 주워 온 재료들로 가득한 내 방을 보며 쓰레기를 모으는 건 미친 사람이 하는 짓이라며 핀잔을 주기도 했다.

하지만 나는 미래를 위해 무언가를 하는 내 자신이 당당했다. 다른 사람들의 시선은 개의치 않고 계속 풍차를 만들었다.

아버지의 고장난 자전거에서 바퀴와 체인을 떼어내 발전기를 조립하고, 집에서 빨랫줄로 쓰던 전선, 녹슨 트랙터에서 떼어낸 냉각팬을 이어 붙였다. 볼트를 단단하게 조일 만한 도구가 없어서 맥주 뚜껑을 주워 왔다. 망치질을 해서 납작하게 만들어 똬리쇠*로 사용하니 꽤 쓸 만했다. 드릴을 대신해서는 옥수수 속대에 긴 못을 박아 깜부기불에 집어넣어 빨갛게 달군 뒤 구멍을 냈다. 이 과정은 무척 힘들고 긴 시간이 걸렸지만 책에서 보던 풍차의 모습을 조금씩 갖추어 갔다.

드디어 몇 달간의 노력 끝에 풍차를 완성해서 집 근처에 세웠다. 곧 바람이 약하게 불면서 날개가 서서히 돌아가기 시작했다. 그리고

* 볼트로 물건을 조일 때 고정하려고 너트 밑에 받쳐 끼우는 물건으로, 고무나 쇠 따위로 만들어요.

갑자기 센바람이 불어오자 날개가 미친 듯이 돌았다. 그러자 전구에 빛이 들어왔다. 나는 가슴이 터질 것만 같았다.

"진짜로 빛을 만들었어."

"풍차로 전기를 만들 거라던 말이 진짜였어!"

쓰레기장을 뒤진다며 놀렸던 아이들과 동네 사람들의 입에서 탄성이 흘러나왔다.

내 이야기를 전 세계 사람들에게 할 수 있는 기회

나는 이렇게 첫 번째 풍차로 전깃불을 만들고 두 번째 풍차로는 우물물을 퍼 올리는 펌프를 만들었다.

그후로도 계속해서 풍차를 만들었고, 우리 마을에 높이 11m짜리 풍차 다섯 대를 세웠다. 풍차로 퍼 올린 물로 농사를 지으니 먹을거리도 늘어났고, 무엇보다 사람들이 매일 물을 길어 옮기느라 허리가 휘는 고통을 덜어 줄 수 있었다.

밭에서 일하던 아이들은 과학 공부를 하기 시작했고, 또 라디오를 통해 뉴스를 듣고 음악도 즐겼다. 이렇게 전기를

사용하면서부터 우리 마을은 조금씩 변하기 시작했다.

그리고 내 인생을 또 한 번 바꾼 일이 일어났다. 풍차를 만들고 5년이 지났을 즈음 말라위의 교사 연수협회 직원들이 윔베 초등학교 도서관을 시찰하러 왔을 때였다.

"저 풍차는 누가 만들었죠?"

그들은 윔베 초등학교 운동장에 세워져 있는 풍차를 보고 누가 세웠는지 학교 선생님에게 물었다.

내가 풍차를 만든 이야기는 2006년 말라위의 '데일리 타임스'에 소개되었다. 이를 본 테드 컨퍼런스 아프리카 지국장이 나를 탄자니아에서 열린 테드 글로벌 2007에 초대했고 무대에서 연설할 수 있었다. 내 이야기는 참석한 청중들을 감동시켰고 곳곳에서 후원자들이 나섰다. 신문, 방송, 인터넷을 통해 '풍차 소년' 이야기가 세계로 퍼져 나갔다.

그러던 어느 날 박사님이 서류처럼 보이는 종이를 들고 우리 집에 왔다.

"윌리엄, 더 큰 세상에 나가 보면 어떻겠니?"

테드 연구원에 지원하는 서류였다. 나는 정말 운이 좋게 테드 회의 연구원으로 선정되었다. 그렇게 테드 무대에 서서 내 이야기를 전 세계 사람들에게 할 수 있는 기회를 얻었다.

연설을 시작하겠습니다

> **가난은 우리가 행복할 권리를 뺏을 수 없습니다**
>
> - 테드, 2009년

2001년 말라위에 끔찍한 흉년이 들었습니다. 그리고 5개월도 지나지 않아 많은 사람들이 굶어 죽었습니다. 우리 가족도 하루에 한 끼밖에 먹지 못했습니다. 그조차도 옥수수로 만든 떡 세 입이 전부였습니다. 말라위에서는 학교를 다니려면 학비를 내야 합니다. 그러나 굶주림은 제가 학교를 다니는 것도 막았습니다. 더 이상 공부를 할 수 없었지만 창피하지 않았어요. 대신에 어떻게 하면 다시 공부할 수 있을지, 어떻게 하면 책을 많이 읽을 수 있을지만 생각했습니다.

그 후 매일 마을 도서관에 가서 책을 읽었습니다. 특히 과학 책을 많이 읽었는데, 영어가 서툴러서 도표와 그림을 보며 단어를 익혔습니다. 그러던 중 어떤 책에서 지금까지 알지 못했던 새로운 사실을 접했습니다. 풍차라는 기계가 물을 퍼 올리고 전기를 만들 수 있다는 것이었습니다. 그 순간 풍차가 굶주림에서 벗어나게 해 줄 해결책이라는 생각이 들었고 풍차를 만들기로 결심했습니다.

하지만 재료가 없었습니다. 저는 필요한 재료를 구하기 위해 쓰레기

더미를 뒤졌습니다. 그런 저를 두고 사람들은 미쳤다고 했습니다. 그러나 결국 제 손으로 풍차를 만들었고 이것으로 전기를 만들어 농사에 이용했지요. 그러자 사람들이 우리 집 앞에 줄을 서기 시작했습니다. 풍차를 돌려서 만든 전기를 이용하기 위해서 말이지요.

그 후 저를 취재한 기자들 덕분에 많은 사람에게 제 이야기가 알려졌습니다. 2007년에는 탄자니아에서 열린 테드 무대에 서기도 했습니다. 그때 저는 사람들에게 이렇게 말했습니다.

"저는 노력했습니다. 그리고 해냈습니다."

지금 이 자리에서 저와 같은 처지의 사람들에게, 아프리카인들에게, 가난하지만 꿈을 위해 있는 힘을 다해 노력하는 여러분 모두에게 다시 말하고 싶습니다.

"자신을 믿으세요. 무슨 일이 있어도 포기하지 마세요."

세상은 지금

❗ 윌리엄 캄쾀바는 왜 가난할까요?

윌리엄 캄쾀바의 가족은 농사를 지어 생계를 꾸렸어요. 말라위에 사는 사람들 대부분이 마찬가지였어요. 말라위는 자원이 부족해서 농사를 짓지 않으면 먹고 살기가 어려운 나라였거든요.

윌리엄 캄쾀바가 열네 살이던 2001년, 말라위에 극심한 가뭄이 들었어요. 이글거리는 태양 아래 말라위 사람이 주식으로 먹는 옥수수들이 시들거리다가 죽는 바람에 윌리엄 캄쾀바의 아홉 식구는 두 달치 식량으로 1년을 버텨야 했지요.

이러한 사정은 말라위 어느 곳을 가나 똑같았어요. 몇 달 지나지 않아 말라위 전역에 식량이 바닥나면서 굶어 죽는 사람까지 생겼어요. 하지만 정치인들은 옥수수를 창고에 쌓아 둘지언정 국민들에게 나누어 주지 않아 국민의 고통은 더욱 심해졌어요. 시간이 흘러도 상황은 나아질 기미가 보이지 않았어요. 급기야 만 명 이상이 굶주림으로 사망하는 지경에 이르렀지요. 가뭄은 계속 이어져서 2005년에는 국가 비상사태가 선포되고 말았어요.

❗ 아름다운 세상을 만드는 적정기술

경제 사정이 좋지 않은 말라위에는 전기 요금을 낼 수 없을 정도로 가난한 사람이 많아요. 말라위에서 전기를 쓰는 사람은 100명 중 고작 2명 정도라고 해요.

윌리엄 캄쾀바가 사는 윔베 마을 역시 전기가 들어오지 않았어요. 그러다 보니 해가 지고 어둠이 깔리면 하던 일을 멈추고 잠자리에 드는 것 말곤 할 수 있는 것이 없었어요. 윌리엄은 우연히 풍차를 발견한 뒤, 이런 불편을 해소하기 위한 해결책을 생각했어요.

윌리엄 캄쾀바는 고장난 자전거 바퀴와 체인, 빨랫줄로 쓰던 낡은 전선, 녹슨 트랙터에서 떼 낸 송풍팬 등 주위에서 쉽게 구할 수 있는 재료로 풍차를 만들었어요. 이처럼 그 지역에서 직접 구한 자원으로 적은 비용을 들여 개발한 기술을 적정기술이라고 해요.

적정기술은 윔베 마을 사람들처럼 첨단기술을 누리지 못하는 사람도 해당 지역의 정치, 문화, 환경 조건을 고려해 지속적으로 기술의 도움을 받을 수 있도록 하는 게 목표예요.

이렇듯 적정기술은 기술의 혜택에 소외된 사람들을 지금보다 더 나은 삶으로 이끌어 주기 때문에 '착한 기술'이라고도 부르지요.

윌리엄 캄쾀바가 만든 풍차

내가 바꾸는 세상

❗ 푸드뱅크에 기부해 볼까요?

푸드뱅크는 개인이나 기업이 기부한 음식과 생활용품을 결식아동이나 독거노인, 사회복지시설 등 가난하고 소외된 이웃에게 지원하는 제도를 말해요.

최초의 푸드뱅크는 1967년에 미국의 존 밴 헹겔이 시작했어요. 처음에는 교회의 무료 급식소에서 사용하고 남은 음식을 노숙자들에게 나눠 줬어요. 덕분에 많은 사람이 굶주림에서 벗어나자, 존은 이 일을 본격적으로 해야겠다고 마음먹었어요.

그 후 지역 상점에서 팔고 남은 음식을 창고에 보관했다가, 필요한 사람들에게 나눠 주었어요. 성모마리아 대성당의 로널드 콜로티 신부의 도움을 받아 빵집을 개조해 만든 이 창고가 바로 최초의 푸드뱅크예요.

시간이 흐르고 푸드뱅크는 널리 퍼져서 현재는 세계 곳곳에 세워졌어요. 우리나라는 국제통화기금(IMF)에 많은 돈을 빌려야 할 정도로 경제가 어려웠던 시절인 1998년에 푸드뱅크 활동이 처음 시작되어 지금까지 전국에서 활발하게 운영되고 있어요.

푸드뱅크에 기부하는 방법은 어렵지 않아요. 전국푸드뱅크(1688-1377)에 전화해서 기부하고 싶은 물품의 종류와 양을 말하면 도움이 필요한 이웃에게 전달하는 방법을 알려줄 거예요.

전국푸드뱅크 홈페이지에 들어가면 기부 가능한 물품의 기준이 자세하게 안내되어 있어요.

6장

거리로 나간 노란 우산

조슈아 웡

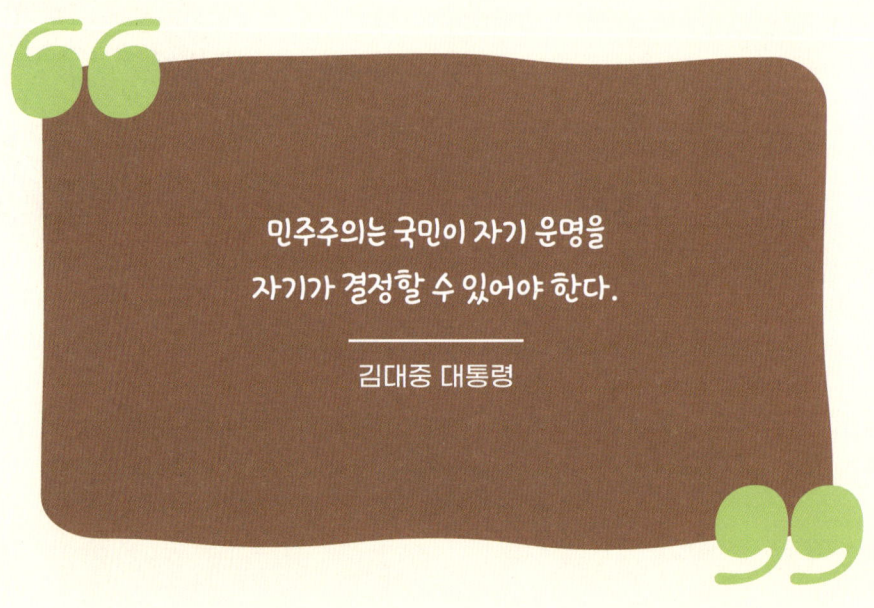

민주주의는 국민이 자기 운명을
자기가 결정할 수 있어야 한다.

김대중 대통령

우리나라 15대 대통령인 김대중 대통령이 남긴 말이에요. 민주주의를 이루기 위해서는 나라의 중요한 일들을 국민이 직접 결정할 수 있어야 한다는 뜻이지요. 김대중 대통령은 한국의 민주주의와 인권에 대한 공로, 그리고 남북 평화에 대한 노력을 인정받아 2000년에 노벨평화상을 받았어요.

노란 우산을 펼쳐서 거리로 나가다

"중국 의회에서 과반수 지지를 얻은 사람만 홍콩의 행정장관 후보로 나갈 수 있습니다."

중국 정부가 홍콩 행정장관의 새로운 선거 방식을 발표했다.

"뭐? 말도 안 돼!"

나는 발표 내용을 듣자마자 자리에서 벌떡 일어섰다.

홍콩은 중국에 속해 있지만, 오랫동안 별도의 정부를 꾸려서 나라를 다스렸다. 그래서 중국의 '주석'이 아니라 홍콩의 '행정장관'이 홍콩을 직접 이끌었다. 하지만 홍콩의 행정장관은 홍콩 시민이 아닌 중국의 선거인단에서 대신 뽑아왔다. 이에 대해 홍콩인의 저항이 거세지자, 중국 정부는 3년 뒤 2017년부터 행정장관을 홍콩인이 직접 뽑는 방식으로 바꾸되, 후보자는 중국 정부의 승인을 받아야 한다고 발표한 것이다.

이는 홍콩인을 기만하는 결정이었다. 중국 의회의 지지를 받은 사람만 행정장관 후보자가 될 수 있다면, 홍콩은 여전히 중국의 통제를 받아야 할 게 불을 보듯 뻔했다.

이 사실에 분노한 사람은 나뿐만이 아니었다. 2014년 9월, 뜨겁고 습한 여름 날씨에도 불구하고 수많은 홍콩인이 광장으로 나가서 홍콩과 중국 정부를 향해 외쳤다.

"우리의 손으로 행정장관을 뽑게 해달라!"

나도 가만히 있을 수 없었다.

"안 되겠어. 우리도 광장으로 가자!"

나는 학생 운동 단체인 학민사조를 이끌고 광장으로 나갔다.

"어? 2년 전에 학민사조를 만든 조슈아 웡이다!"

"학민사조라면 중국의 국민교육 정책을 막았던 학생들 아니야?"

광장에서 시위하던 사람들은 무대에 선 나를 알아보았다.

2년 전에 중국은 홍콩 학생에게 '국민교육' 과목을 의무적으로 가르치겠다는 정책을 발표한 적이 있었다. 국민교육은 중국에 대한 애국심을 강요하는 과목이었다. 나는 이 말도 안 되는 정책을 막기 위해, 같은 뜻을 가진 학생들을 모아 학민사조를 만들었다.

그리고 학민사조와 함께 국민교육 정책을 막는 데 성공했다. 그때 나름 유명 인사가 되었다.

"10년 후에도 어린 학생들이 시위에 나서게 할 수는 없습니다. 이번 세대에서 홍콩의 민주화를 이루어 냅시다!"

내가 목청을 높여 홍콩의 민주화를 요구하자 그곳에 모인 사람들은 열띤 지지를 보내 주었다. 그런데 잠시 후, 경찰들이 우리 주변으로 몰려왔다. 그러더니 많은 사람이 보는 앞에서 나를 비롯해 시위에 참여한 50여 명을 한꺼번에 체포하기 시작했다.

홍콩 시민이 반드시 권력을 가져야 하는 이유

경찰서에 끌려간 후 나만 혼자 독방에 갇혔다.

'나는 앞으로 어떻게 될까? 나와 함께 붙잡힌 사람들은 어디로 갔을까? 부모님이 얼마나 걱정하실까?'

낯선 곳에 혼자 덩그러니 앉아 있으니 별의별 생각이 다 들었다. 밤이 꽤 깊었지만 한숨도 잘 수 없었다. 어느덧 새벽이 되었다. 나와 함께 체포된 사람들이 하나둘 풀려나고 있다는 소식이 들렸다.

'나도 곧 풀려날 수 있겠지?'

하지만 날이 훤히 밝도록 경찰은 나를 내보내 주지 않았다. 그런 상태로 차가운 독방에서 하룻밤을 더 보내야 했다.

나중에 알고 보니, 내가 경찰서를 나가면 2년 전처럼 사람들을 부추길까 봐 일부러 오래 붙잡아 두었다고 했다.

결국 피의자를 최대한 잡아둘 수 있는 48시간에서 겨우 2시간을 남긴 46시간 만에야 풀려날 수 있었다. 경찰은 당연히 내가 겁을 먹고 집으로 돌아가길 바랐다. 하지만 경찰서를 나온 내 발걸음이 향한 곳은 또다시 광장이었다.

나는 광장에 들어서자마자 깜짝 놀라고 말았다. 경찰서에 잡혀가기 전보다 훨씬 많은 사람이 모여 있었다. 경찰이 시위에 나온 수십 명을 한꺼번에 체포하고, 나를 오랫동안 가둔 것이 오히려 많은 홍콩 시민의 가슴에 분노를 불러일으킨 것이다.

"홍콩의 행정장관 선거에 중국은 간섭하지 말라!"

"우리가 직접 행정장관을 투표할 수 있게 해 달라!"

나를 비롯한 홍콩 시민들은 광장에 서서 행정장관을 직접 뽑게 해달라는, 이른바 행정장관 직선제를 요구하며 소리쳤다.

그런데 그때였다. 갑자기 비명이 들리더니 사방에서 매캐한 냄새가 났다. 경찰이 최루탄을 쏜 것이다. 광장은 희뿌연 최루탄 가스로 가득 찼고, 눈물과 콧물이 줄줄 흘러내렸다.

 잠시 뒤엔 최루액이 섞인 물대포까지 날아왔다. 바로 그 순간, 물대포를 맞고 있던 누군가가 우산을 펼쳐 들었다. 홍콩 날씨는 워낙 덥고 비가 많이 내려 우산을 가져온 사람들이 많았다. 경찰의 공격을 맨몸으로 막아내던 사람들이 하나둘씩 우산을 펼쳐서 쏟아지는 물대포를 막았다. 우산이 없거나 몸이 불편한 사람이 보이면 자신의 우산을 같이 쓰면서 이 자리에 나온 모두가 함께라는 생각으로 버텼다. 이 일이 있고 나서 2014년 홍콩 민주화 운동은 전 세계에 '우산 혁명'이라는 이름으로 알려졌다.

 평화적으로 시위하는 홍콩인을 향해 경찰이 폭력을 쓰다니, 사

람들은 전혀 예상치 못한 상황에 큰 충격을 받았다.

"경찰이 최루탄과 물대포를 사용한 것은 명령 때문에 어쩔 수 없이 한 일일 거예요."

하지만 나는 시위에 참여한 사람들에게 경찰의 무력 사용을 경찰 개인의 탓으로 돌려서는 안 된다고 설득했다. 어리석게도 끝까지 경찰을 믿은 것이다. 그러나 우산 혁명이 시작되고 한 달쯤 지났을 때, 이 말을 뼈저리게 후회하게 된 사건이 일어났다.

시위자 한 명이 수갑을 찬 채 경찰 일곱 명에게 집단 폭행을 당한 것이다. 경찰이 화풀이 삼아 시민에게 함부로 폭력을 휘두른 것은 절대 있을 수 없는 일이었다. 그런데도 경찰은 다음 날 아침, 시위자 중 부상자는 없다고 발표했다. 경찰의 뻔뻔함에 나는 치가 떨렸다. 경찰은 홍콩 시민이 아니라, 홍콩 정부와 중국 정부의 편이었다.

중요한 것은 꺾이지 않는 마음

더욱 기가 막힌 것은 언론이었다. 폭력을 쓰는 쪽은 경찰인데 언론은 우리를 폭도로 몰았다. 시위자들 때문에 도로가 막히거나 소음이 발생해서 시민들이 불편을 겪는 상황이 연일 뉴스에서 흘러나왔다. 시위가 이어질수록 우리를 지지하는 목소리는 줄어들고, 대신에 우리를 비난하는 목소리가 높아졌다. 나에게 학생이 학교에 가지 않고 거리에서 뭘 하는 거냐며 꾸짖는 사람도 많았다.

아무런 성과도 내지 못한 채 여기서 그만둘 수는 없었다. 만약 이대로 포기한다면 홍콩 시민들은 패배감에 사로잡혀 다시는 정부를 향해 정당한 요구를 하지 못할 수도 있다.

시위를 시작한 지 두 달이 넘어가자, 광장에 나오는 사람들의 수는 눈에 띄게 줄었다. 나는 최후의 방법으로 단식 투쟁을 결심했다. 음식을 끊으면서까지 내가 정부에 마지막으로 요구한 것은 '공개 대화'였다. 행정장관 직선제가 왜 필요한지, 홍콩의 민주주의가 왜 중요한지 모든 사람이 지켜보는 앞에서 정부와 이야기를 나누어야 했다. 이를 위해 배고픔과 싸워가며 힘겹게 단식을 이어갔다.

그러나 정부는 무엇이 두려웠던 건지, 끝내 공개 대화를 거부했다. 게다가 내 건강이 급속하게 나빠지면서 의사가 강하게 단식을 말렸다. 할 수 없이 나는 단식을 중지했다. 음식을 모두 끊은 지 6일 만이었다.

이제 우리가 할 수 있는 방법은 아무것도 없었다. 결국 시위는 해산되었고, 행정장관 직선제는 받아들여지지 않았다.

 중국 정부의 대응은 그때부터 본격적으로 진행되었다. 시위에 참여한 사람들을 하나둘 불러들이더니 죄를 묻고 감옥에 가두었다. 나도 여러 차례 체포와 석방을 반복했다.

 그렇지만 조금도 위축되지 않았다. 비록 우산 혁명은 실패로 끝났지만, 홍콩 시민들이 민주주의의 중요성을 깊이 느끼는 계기가 되었고 홍콩의 민주화를 향한 전 세계의 지지도 끌어낼 수 있었기 때문이다.

 그래서인지 세계 여러 곳에서 나를 만나 우리의 경험을 듣고 싶어 했다. 영국의 옥스퍼드대학교 유니온 클럽도 그중 하나였다. 옥스퍼드대학교 유니온 클럽은 1823년에 설립된 유서 깊은 학생 토론 클럽이다. 테레사 수녀, 엘리자베스 여왕, 마이클 잭슨 등 세계적인 명사들이 강연한 곳이었다.

 나는 우리의 뜻을 널리 알릴 기회라고 생각하고 망설임 없이 유니온 클럽으로 향했다.

──── 연설을 시작하겠습니다 ────

> **우리가 홍콩의 미래를 결정할 날이 올 것입니다**

― 영국 옥스퍼드 유니온, 2015년

저는 열네 살부터 정치에 관심을 가지고 국민교육 반대 운동을 시작했습니다. 그리고 열일곱 살에는 우산 혁명을 이끌었습니다.

홍콩의 민주화를 위해서는 먼 미래를 보아야 합니다. 물론 어려운 일입니다. 하지만 우리는 우산 혁명을 통해 홍콩 시민이 반드시 권력을 가져야 하는 이유를 절실하게 깨달았습니다.

그러기 위해서는 많은 사람이 정치에 관심을 가져야 합니다. 그래서 저는 선거에 참여할 수 있는 나이의 제한을 21세에서 18세로 낮추어야 한다고 생각합니다. 물론 거리에 모여 시민의 정당한 권리를 요구하는 것도 중요합니다. 홍콩의 민주화를 위해 오랫동안 싸우기 위해서는 거리, 의회, 시민 단체 등 사회 곳곳에서 많은 참여와 지지가 필요합니다.

우산 혁명은 행정장관 직선제를 이루지 못하고 끝을 맺었습니다. 처음에는 실패했다는 생각에 실망이 컸습니다. 하지만 다시 생각해 보니 역사상 어느 나라도 시민의 자유로운 투표권을 쉽게 얻은 적이 없었습

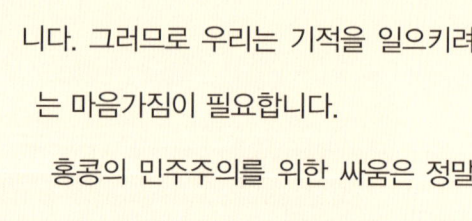

니다. 그러므로 우리는 기적을 일으키려는 마음가짐이 필요합니다.

홍콩의 민주주의를 위한 싸움은 정말로 긴 싸움이 될 것입니다. 하지만 저는 이 싸움에서 우리가 원하는 바를 이루어 낼 수 있을 거라고 믿습니다. 그러려면 지치지 않고 끝까지 싸우는 것이 중요합니다.

중국 공산당의 힘은 여전히 강하지만, 우리가 홍콩의 미래를 결정하는 날이 올 것입니다. 우리는 반드시 민주주의를 되찾을 것입니다.

세상은 지금

❗ 민주화를 위한 홍콩인의 노력

홍콩은 원래 중국의 영토였다가 1842년에 일어난 아편전쟁 때 영국의 식민지가 되었어요. 그로부터 오랜 세월이 지나 1997년이 되자, 약속대로 영국은 중국에 홍콩을 돌려주었어요. 하지만 홍콩인은 중국에 반환되는 걸 두려워했어요. 홍콩이 식민지로 있는 동안 홍콩과 중국은 경제, 사회, 문화 등 많은 것이 달라져서 서로 별개의 나라처럼 되어 버렸거든요. 그러자 당시 중국의 지도자였던 덩샤오핑은 홍콩을 특별행정구로 지정하고 최소 50년간은 홍콩의 독립성을 인정하기로 했어요.

그렇다고 중국이 홍콩에 대한 지배권을 모두 포기한 건 아니었어요. 중국이 홍콩을 직접적으로 다스리지 않는 대신, 홍콩을 통제하기 위해 여러 법과 제도를 만들었거든요. 홍콩 학생들에게 중국에 대한 충성을 강요하기 위한 국민교육 정책이나 홍콩 행정장관 후보를 중국 의회에서 뽑는 제도가 그런 시도 중 하나였지요.

이러한 중국의 태도에 홍콩인이 처음으로 폭발한 때가 2003년이에요. 이후에도 홍콩인은 중국의 통제가 심해질 때마다 거리로 나가 저항했어요. 이를 '홍콩 민주화 운동'이라고 해요. 여러 차례에 걸쳐서 일어난 운동 중에서 조슈아 웡이 참여해 행정장관 직선제를 요구한 것이 2014년에 일어난 우산 혁명이지요.

❗ 민주주의를 지키려는 이유

홍콩인이 오랫동안 중국에 맞선 이유는 무엇일까요? 그건 바로 민주주의를 지키기 위해서, 그러니까 내가 사는 나라의 주인이 되기 위해서예요. 만약 내가 내 나라의 주인 자격을 잃는다면 독재자 혹은 다른 나라의 지배를 받게 될 거예요.

한번 생각해 보세요. 내 몸의 주인이 내가 아니라 다른 사람이라면 어떨까요? 배가 고파도 마음대로 식사할 수 없고 가고 싶은 곳도 마음대로 갈 수 없어요. 몸이 아파도 주인이 허락하지 않으면 치료받을 수 없지요. 기본적인 의식주조차 보장받기 어려워요.

민주주의도 마찬가지예요. 시민에게 주인으로서 나라를 이끌 권력이 없다면 당연히 보장받아야 하는 생명, 자유, 평등 등 기본권을 지킬 수 없어요. 이것이 바로 홍콩 시민을 비롯해 세계 여러 나라의 국민들이 민주주의를 꼭 지키려는 이유랍니다.

내가 바꾸는 세상

❗ 내가 제안하는 정책이 정부 정책이 된다고요?

나의 아이디어를 정책으로 만들어 보고 싶다는 생각을 해 본 적이 있나요? 만약 여러분이 상상하던 정책이 실제로 사회에 반영된다면 어떨까요? 이것이 곧 현실이 될 수 있어요.

일상생활을 하다가 새로 만들었으면 하는 정책이나 바뀌었으면 하는 정책이 떠오른다면 청소년 참여 포털 사이트에 들어가 보세요. 이곳에서는 청소년이면 누구나 정책을 제안할 수 있어요.

이미 많은 청소년이 교육, 인권, 교통, 환경, 학교 폭력, 문화예술 등 우리 주변에서 쉽게 찾을 수 있는 작은 아이디어부터 주요 정책까지 각자의 관심사를 바탕으로 다양한 정책을 제안하고 있지요.

정책을 제안하는 방법

① 청소년 참여 포털 홈페이지에 접속해서 로그인 해요.
② '참여마당'의 '정책제안 Y-Change' 페이지에 접속해요.
③ '등록' 버튼을 누르고 양식에 맞게 정책을 제안해요.
④ 다른 사람이 작성한 정책 제안을 읽고 공감되는 정책에 공감 버튼을 누르거나 댓글로 추가 의견을 올릴 수도 있어요.

7장

조혼이 나의 미래를 빼앗을 수는 없어요

메모리 반다

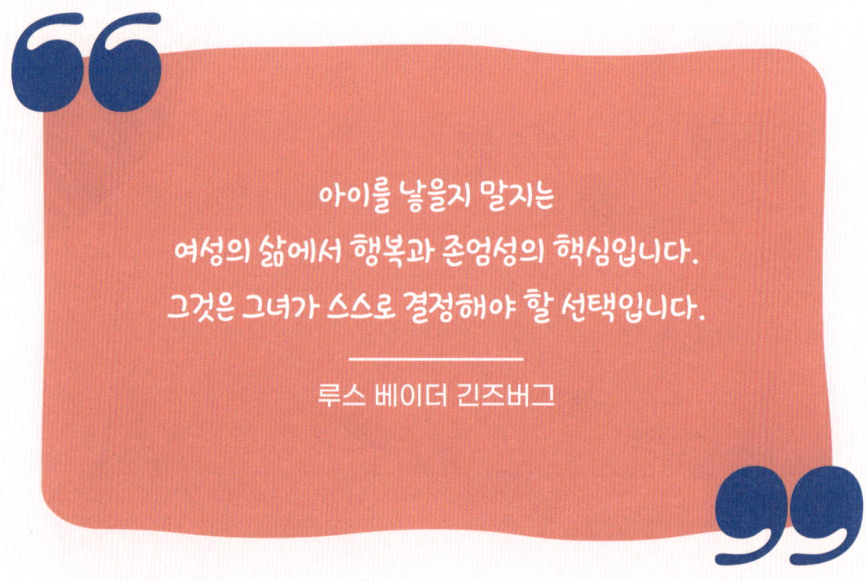

> 아이를 낳을지 말지는
> 여성의 삶에서 행복과 존엄성의 핵심입니다.
> 그것은 그녀가 스스로 결정해야 할 선택입니다.
>
> ― 루스 베이더 긴즈버그

미국의 역대 두 번째 여성 대법관인 긴즈버그가 한 말이에요. 그녀는 평생 사회의 성평등과 소수자의 인권을 보호하기 위해 싸웠어요. 차별을 없애기 위해 법의 해석을 바꾸고 법 자체를 고치려고 노력했지요. 긴즈버그는 여성 인권뿐만 아니라 남성 인권도 중요하게 생각했어요. 모두 법 앞에서 평등하니까요.

나는 내 삶의 방향을 알았기에 거절했어

"메모리, 열세 살이나 됐는데 결혼해야지."

"싫어요. 절대로 안 해요."

"뭐? 동생처럼 안정된 가정을 꾸려야지. 언제까지 버틸 거니?"

"열한 살에 결혼해서 아이를 가진 게 안정적이에요? 저는 공부할 거라니까요."

매년 반복되는 강요 섞인 말에 내 목소리는 거칠어지고 있었다. 엄마는 결국 내 머리채를 쥐어 잡고 흔들었다.

"너처럼 한심한 애는 처음이야!"

"꿈이 있어요!"

"여자의 미래는 좋은 남자에게 일찍 시집가는 거야! 고집불통

같으니라고."

 변호사가 되겠다는 말은 차마 하지 못했다. 믿어줄 리 없었다. 엄마의 고집은 말라위 지역의 역사만큼이나 굳건했으니까. 눈에서 눈물이 흘렀고 입은 꾹 닫혔다.

 말라위에서는 여자아이들이 사춘기가 되면 통과의례처럼 성인식 캠프에 가곤 한다. 그곳에 가면 어른 남자들이 와서 소녀들과 성관계를 하고 소녀들은 남자들을 기쁘게 하는 법을 배운다. 그런 교육을 마치면 누군가와 결혼을 한다. 그리고 남자들은 여자 집에 지참금이라고 불리는 돈을 준다. 가난한 말라위에서는 그 지참금이 생활에 큰 보탬이 되기도 하고 결혼을 해 분가를 하면 먹을 입이 하나 줄어드는 셈이니 결혼을 빨리 시키는 것이다.

 동생도 같은 이유로 열한 살 때 성인식 캠프에 갔다. 그리고 늙은 남자와 결혼해 아이를 낳았다. 나는 아이가 아이를 키우는 게 말이 안 된다고 생각했다. 동생이 육아에 쩔쩔매느라 학교에 가지 못하고 놀지도 못하는 모습이 안쓰러울 때가 한두 번이 아니었다.

 사실 안쓰러운 건 동생뿐만이 아니었다. 나는 결혼을 거부한다는 이유로 온갖 비난을 들어야 했으니까.

 "아이고, 얼른 결혼해야 할 텐데. 이러다가 영영 못 가면 어떡하니!"

엄마의 잔소리가 이어졌다. 아빠가 네 살 때 세상을 떠난 뒤부터 엄마는 걱정이 더 많아졌다. 아마 경제적으로 힘이 드니까 더 그럴 테지. 나는 못 들은 척 집을 나섰다. 하지만 내가 넘어야 할 관문은 곳곳에 있었다. 마주치는 동네 사람들이었다.

"메모리, 일찍 결혼하지 않는 건 전통을 무시하는 거야!"

심지어 나를 보고 멍청하다고 수군대는 또래들도 있었다.

'내가 왜?'

해를 거듭할수록 억울한 마음이 켜켜이 쌓여갔다.

'어른이 된 뒤에 결혼하면 안 되는 거야?'

'학생이 공부하고 싶은 게 뭐가 잘못된 거지?'

사라져 가는 친구들

다음 날 학교에 도착하니 교실이 왠지 텅 빈 것 같았다. 친구 아일린이 나를 보며 손짓했다.

"아일린, 오늘따라 애들이 늦나 봐."

"아니야. 거의 다 성인식 캠프에 갔대. 아마 학교에 안 나올 거 같아."

"세실리아도? 프레타도? 아니, 다들 싫다고 했잖아."

"그게 맘대로 되니? 억지로 하라고 하니까 가는 거지."

"아일린, 넌 성인식 캠프에 대해 어떻게 생각해?"

"글쎄, 우리 언니가 그러는데 수치스럽대. 떠올리기 싫대."

나는 그런 말을 들으니 어린 나이에 결혼하는 것이 이상하고 불쾌하게 느껴졌다. 결혼이 사랑하는 사람과 가정을 이루고 행복해지는 게 아니라, 오히려 미래를 빼앗는 것만 같았다. 당장 친구들이 교실에서 사라진 것만 봐도 그랬다. 배우는 게 중단되면 이루고 싶은 꿈도 중단되는 거니까.

내가 생각에 잠겨 있을 즈음 스텔라가 교실로 헐레벌떡 뛰어 들어왔다. 스텔라의 얼굴이 새하얗게 질려 있었다.

"메모리! 어젯밤에 소피아가 아이를 낳다가 죽었대."

"뭐? 그게 정말이야?"

청천벽력 같은 소리였다. 소피아는 지난해 쉰 살 된 아저씨와 결혼한 친구였다. 꿈이 간호사인 착한 아이였다. 고작 열세 살에 미래가 물거품처럼 사라져 버린 것이다. 우리에게 정말 끔찍한 일이 벌어지고 있었다.

나는 이 소식을 듣고 심장이 끓어올랐다. 그리고 지역을 위해 내 꿈을 실천해야겠다고 다짐했다.

"아일린, 내 꿈이 변호사인데 소녀들을 대신해 목소리를 내야겠어."

"멋지다, 메모리. 나도 도울게."

구체적인 방법을 찾아야 했다. 무엇보다 말라위 지역의 어른들이나 결혼 나이를 법으로 정하는 사람들을 설득할 방법을 생각했다. 갑자기 십 대에 불과한 나의 존재가 킬리만자로 산 아래에 있는 돌멩이처럼 작게 느껴졌다. 나 혼자 소리쳐봤자 먹히지 않을 게 뻔했다. 불현듯 동생 생각이 났다. 동생은 가끔 내게 와서 어린 나이에 결혼해서 생활하는 것이 얼마나 힘든지 털어놓곤 했다.

"그래, 아일린. 내 동생처럼 조혼한 소녀들의 이야기를 들어보고 그들의 목소리를 모으면 어떨까? 그리고 그걸 어른들에게 전하는 거야."

"좋은 생각이야. 그리고 학교에 다니지 못해 글자를 모르는 소녀들에게 글을 가르쳐 주기도 하고, 필요한 도움을 주는 거야."

"맞아. 우리는 모두 꿈을 이루기 위해 배워야 해."

우리가 결혼하고 싶을 때 결혼할래요

나는 집에 와서 조혼한 소녀들을 위한 전단지를 만들었다. 조혼한 아이들이 모여서 뜻을 합하는 것이 먼저일 것 같았다. 전단지에는 십 대 엄마를 대상으로 읽고 쓰는 방법을 무료로 가르쳐 준다는 내용을 담았다. 가르치는 건 내가 하기로 했다. 쉬운 내용이니 나도 충분히 가르칠 수 있을 것 같았다.

나는 완성한 전단지를 동네와 학교 담벼락에 몰래 붙였다. 다음 날 결과는 놀라웠다. 하루 만에 20명이 모였다. 아이를 안고 온 소녀부터 임신한 소녀까지 모두 강제로 결혼한 십 대 소녀들이었다. 그리고 모두 각자의 이야기를 시작했다.

"나는 성인식 캠프를 다녀와서 질병에 걸려 정말 고생했어. 하지만 내 몸이 망가지는 걸 아무도 신경 쓰지 않았어."

"다시 공부하고 싶어서 왔어. 내 아이는 나처럼 살지 않았으면 좋겠어."

"내가 어려서 살림을 잘못한다고 매질을 당하다 쫓겨났어. 모든 것이 엉망이야."

서로 이야기를 털어놓고 껴안아 주며 위로하고 눈물로 하나가 되었다. 우리는 정기적으로 만나 조혼이 우리의 삶을 얼마나 망가뜨리는지, 또 우리의 미래가 얼마나 소중한지 끊임없이 이야기했다.

십 대 엄마 모임이 시작된 지 몇 년이 흐르고 우리의 조직은 단단해졌다. 글을 배운 소녀들은 다시 책을 읽기 시작했다. 나는 그사이 조혼에 반대하는 '말라위 소녀들을 위한 권익 신장 네트워크'라는 지역 단체에 연락해 좀 더 적극적으로 활동해 보기로 했다.

"여러분, 우리 캠페인을 합시다."

"맞아요. 법도 바꿔요. 투쟁해요. 이제 겁나지 않아."

소녀들은 강해졌다. 물론 쉽지는 않았다. 우리는 거리를 다니며 외쳤다.

"우리가 결혼하고 싶을 때 결혼할래요."

우리의 목소리를 들은 부족의 지도자들이나 지역 어른들의 반발이 거셌다. 하지만 포기하지 않았다.

매일 국회로 나가 아동 결혼과 관련된 법을 개정해 달라고 소리쳤다. 그리고 우리의 캠페인 덕분에 2015년 법률상 결혼 최저 연령이 15세에서 18세로 조정되었다. 기적이었다. 그 후 내 소식은 여기저기로 퍼져 나갔고 테드라는 큰 무대에서 여전히 고통받고 있는 수많은 조혼 소녀들을 대신해 목소리를 낼 수 있는 기회를 얻었다.

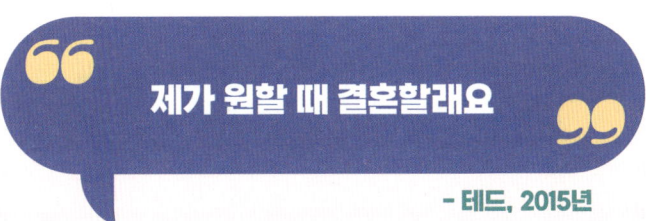

- 테드, 2015년

제가 열세 살이었을 때 이제 다 컸으니 성인식 캠프에 가야 되는 나이가 됐다고 했습니다. 그래서 저는 "뭐라고요? 저는 성인식 캠프에 가지 않을 거예요."라고 했죠. 그러자 같은 편이라고 여겼던 엄마와 이웃 아줌마들이 저한테 뭐라고 했는지 아세요?

"넌 멍청하고 완전 고집불통이야."

"너는 우리 지역사회와 전통을 존중하지 않는 거야."

저는 제가 어떤 삶을 원하는지 방향을 알았기에 거절했습니다. 저는 꿈이 있었습니다. 직업을 갖기 위해 학교에 가고 싶었습니다. 커다란 의자에 앉아 있는 변호사가 되는 상상을 했어요. 그런 상상이 매일 제 머릿속에 가득했죠. 그러던 어느 날 깨달았습니다. 우리 지역을 위해 아주 작지만 의미 있는 일을 할 수 있을지도 모르겠다고요.

저는 여동생처럼 아이를 가진 소녀들을 불렀습니다. 그들에게 글을 읽고 쓰는 법부터 가르쳤습니다. 그러자 점차 그들이 자신의 이야기를 하기 시작했어요. 어린 엄마가 직면한 매일이 어떠한지를 말이에요.

그 순간 저는 "우리에게 일어난 이 모든 일을 알리고, 우리의 어머니와 지도자들에게 이러한 것이 잘못되었다고 말하면 어떨까?"라고 생각했습니다. 하지만 이를 실행하기에는 너무나 두려웠어요. 왜냐하면 지도자들은 이미 전통적인 관습에 오랫동안 익숙해져 있는 상태이기 때문입니다. 그러나 바꾸기 어려운 일은 해 볼 만한 가치가 있는 일이라는 생각에 우리는 시도했습니다. 너무나 힘들었지만 계속 나아갔습니다.

우리 소녀들은 지도자에게 신념을 굽히지 않고 관철한 첫 번째 공동체였습니다. 마을의 지도자는 이러한 우리를 지지해 주었고 마침내 18세 미만 소녀의 결혼이 금지되었습니다.

우리는 모두 특별합니다. 우리는 더 나은 세상을 만들 수 있습니다. 말라위뿐만 아니라 다른 나라를 위한 것이기도 합니다. 하지만 법률이 실제로 적용될 때까지는 완전한 법이 아닙니다. 얼마 전에 통과된 조혼 금지 법안과 다른 나라에 있는 관련 법안은 소녀들을 배려하고 상식적으로 통용되는 수준에서 시행되어야 합니다. 소녀들의 문제는 매우 충격적이니까요.

소녀들은 매일 지역 사회에서 어려운 문제에 부딪힙니다. 만약 소녀들이 그들을 보호하는 법이 있다는 것을 안다면 그들 스스로 방어할 수 있을 것입니다. 그러나 우리 힘만으로는 되지 않습니다. 남성 지지자들 역시 참여하고 함께해야만 합니다. 이것은 공동의 일입니다. 모두가 힘을 합치면 소녀의 권리를 인정하지 않는 법적, 문화적, 정치적 뼈대를 바꿀 수 있습니다.

저는 오늘 이 자리에서 한 세대의 아동 결혼의 끝을 선언하려 합니다. 지금이 바로 그 순간입니다. 소녀 한 명 한 명, 그렇게 전 세계의 수백만 명의 소녀는 말할 수 있게 될 것입니다.

"제가 결혼하고 싶을 때 결혼할래요."

세상은 지금

❗ 조혼은 왜 생기는 걸까요?

어린 소녀들이 강제로 결혼하는 이유는 여러 가지가 있어요. 먼저 여성을 차별하는 문화 때문이에요. 아동 결혼이 많이 이루어지는 나라는 대부분 여자 어린이의 교육이나 미래에 대한 관심이 적어요. 그래서 스스로 미래를 선택할 권리를 주지 않아요. 교육을 제대로 받지 못하면 자연스럽게 사회에서 원하는 일을 할 수 있는 기회가 사라지니까 결혼으로 이어지는 원인이 되지요.

또 가난한 나라일수록 아동 결혼이 많아요. 메모리 반다가 사는 아프리카처럼 말이에요. 결혼하는 조건으로 남자 쪽에서 지참금을 받는데, 이것을 빈곤에서 벗어날 수 있는 수단으로 여기기도 하거든요. 또는 경제적 부담을 줄이기 위해 딸을 일찍 시집보내는 집도 있어요.

일부 나라에서는 아동 결혼을 종교나 전통으로 여기고 있어요. 그래서 아동 결혼을 거부하면 지역 사람들의 비난을 듣기도 하지요. 이러한 여러 가지 원인이 맞물려 악순환이 반복되고 있는 거예요.

❗ 얼마나 많은 소녀가 어린 나이에 결혼을 할까요?

2020년까지 전 세계 소녀 6억 5천만 명 이상이 원치 않는 결혼을 한 것으로 알려졌어요. 메모리 반다가 사는 말라위에서는 여자 어린이 절반이 성인이 되기 전에 결혼해요. 사하라 사막 이남의 아프리카에서는 여자 어린이의 27%가 열여덟 살에 출산하지요. 현재 아동 결혼이 가장 빈번하게 이루어지고 있는 곳은 아프리카 여러 나라와 아프가니스탄, 예멘, 인도와 소말리아 등이에요. 특히 인도는 원래 아동 결혼 문제가 심각했는데 최근 코로나19가 확산되면서 빈곤으로 인해 백만 명의 소녀가 이런 악습에 내몰리고 있어요.

아동 결혼은 단순히 어릴 때 결혼하는 것만 문제가 되는 건 아니에요. 그 이후의 삶이 더 큰 문제가 되고 있지요. 배움을 중단한 채 온종일 집안일을 하거나 자신이 낳은 아이를 돌보며 지낼 확률이 높기 때문이에요. 또 성에 관한 지식이 부족하고 신체도 성숙하지 못해 후천성 면역 결핍 증후군에 걸리기 쉬워 건강에 큰 문제가 생길 수 있어요. 신체적으로 준비가 되기도 전에 임신하는 경우가 많기에 출산하다가 죽는 경우도 많아요. 특히 남녀 불평등 문화가 자리 잡은 곳은 차별과 가정폭력에 시달릴 수 있어 아동 결혼은 반드시 뿌리 뽑아야 할 악습이에요.

> 내가 바꾸는 세상

❗ 세계 소녀의 날

2011년 유엔에서 제정한 '세계 소녀의 날'을 알고 있나요? 매년 10월 11일이 바로 '세계 소녀의 날'이에요. 세계 곳곳에서 성별과 나이로 인해 차별받는 소녀들의 권리를 보호하기 위해 유엔이 정한 날이에요.

구체적으로는 교육 기회를 박탈당하고 성차별이나 성폭력, 조기 결혼 등 고통 받는 전 세계 여자아이들의 현실을 세상에 알리고 그들을 보호하기 위해 만들어진 날이에요. 더불어 자신의 권리를 잘 알지 못하는 여자아이들이 자신의 잠재력과 역량을 개발할 수 있는 환경을 만드는 게 목표이지요.

2012년에는 영국의 런던 아이, 미국의 엠파이어 스테이트 빌딩, 이집트의 피라미드에 분홍색 조명을 켜서 세계 소녀의 날을 응원했어요.

매년 세계 곳곳에서는 슬로건을 내걸고 다양한 캠페인을 펼치고 있어요. '아동 결혼 끝내기'는 세계 소녀의 날이 만들어진 첫해의 슬로건이었어요.

올해의 슬로건은 무엇일까요? 어떤 캠페인을 펼치고 있는지 확인하고 참여해 보세요.

여자아이들이 처한 문제에 관심을 갖고 노력한 최초의 단체는 플랜인터내셔널이에요. 그 노력 덕분에 세계 소녀의 날이 제정되었지요.

❗ 랩으로 세상을 움직이고 있어요

2014년 아프가니스탄이 탈레반 정권이었을 때 여자들은 함부로 밖에 다닐 수 없고 교육도 받지 못했어요. 게다가 어린 나이에 돈에 팔려 가듯이 결혼해서 폭행을 당해 죽는 경우도 많았지요. 열일곱 살 소녀 소니타 알리자데 역시 아홉 살 때 얼굴도 모르는 남자와 결혼할 뻔했어요. 다행히 결혼이 취소되고 이란의 난민보호소에 있던 중 에미넴이라는 가수에게 영감을 받아 랩을 하기 시작했어요. 그리고 한 영화감독이 소니타의 랩을 뮤직비디오로 만들면서 세상에 알려지게 되었지요.

뮤직비디오에서 소니타는 하얀 웨딩드레스에 눈에는 새빨간 멍이 있고 이마에는 상품처럼 바코드를 그려 넣고 랩을 해요. 가사에는 강제 아동 결혼을 고발하는 내용이 담겨 있어요.

현재 소니타는 미국의 인권 단체에서 일하며 어린 소녀들의 목소리를 대변하고 있어요.

우리도 할 수 있어요! 세상에 알리고 싶거나 우리 삶을 돌아보는 내용의 랩 가사를 써 보세요.

8장

우리의 생명을 위해 행진합니다

엠마 곤잘레스

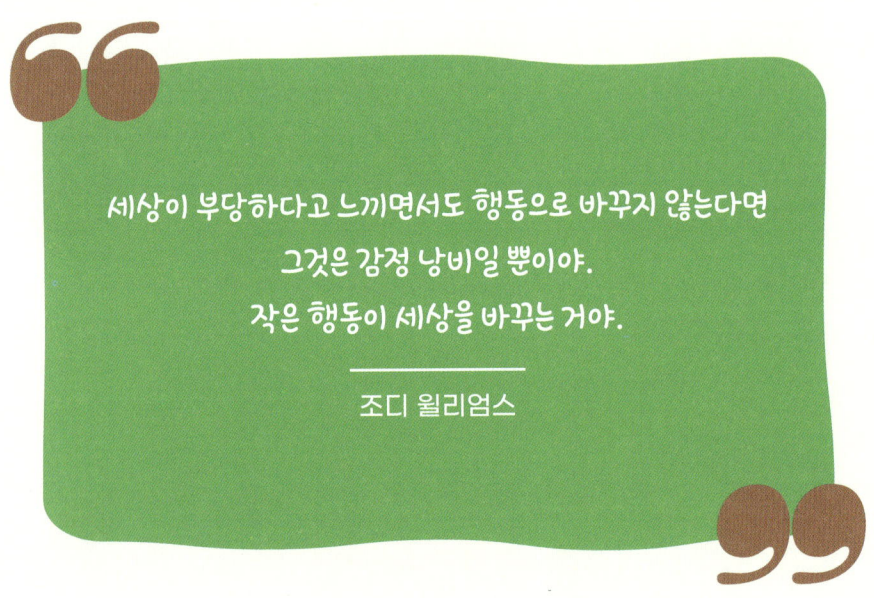

> 세상이 부당하다고 느끼면서도 행동으로 바꾸지 않는다면
> 그것은 감정 낭비일 뿐이야.
> 작은 행동이 세상을 바꾸는 거야.
>
> ― 조디 윌리엄스

전 세계의 안전을 위해 지뢰 금지 운동을 펼치는 사회운동가이자 노벨평화상을 받은 조디 윌리엄스가 한 말이에요. 우리 주변에 생명과 평화를 위협하는 일이 벌어지고 있나요? 지구촌 어딘가에서 벌어지고 있는 일에 안타까워한 적이 있나요? 조디는 한 사람의 행동이 세상을 바꾸지 못하는 것처럼 보이겠지만, 이 작은 행동은 큰 움직임의 첫걸음이 될 수 있다고 말하고 있어요.

6분 20초라는 짧은 시간

　2018년 2월 14일, 오늘은 화재 대피 훈련 날이었다. 모두 훈련을 마치고 교실로 향하고 있었다. 나는 친구와 장난을 치며 1층까지 내려갔다가 계단을 다시 오르려던 참이었다. 그 순간 한 아이가 겁에 질린 모습으로 계단을 두세 개씩 건너뛰며 내려왔다. 그리고 내 옆에 있던 선생님에게 하는 말은 정말 뜻밖이었다.
　"선생님, 어떤 학생이 총을 갖고 학교에 들어왔어요. 아무래도 무슨 일이 일어날 것 같아요."
　하얗게 질린 얼굴빛에서 그게 거짓말이나 농담이 아니란 게 느껴졌다.
　그때였다. 다시 화재 알람이 시끄럽게 울려댔다. 쩌렁쩌렁한

경보음이 울리자 화재 대피 훈련이 다시 시작된 줄로 안 학생들이 복도로 우르르 쏟아져 나왔다.

"뭐야? 조금 전에 화재 훈련 끝난 거 아니었어?"

그 순간 어디선가 탕 하는 소리가 경보음에 섞여서 울렸다. 선생님이 다급히 외쳤다.

"총격이야! 대피해!"

선생님은 1층과 2층에 있는 아이들을 향해 외쳤다. 별안간 화재 대피 훈련에서 총격 대피로 바뀌었다. 게다가 이번에는 훈련이 아니라 실제 상황이었다. 학생들은 영문도 모른 채 다시 교실로 뛰어 들어갔다. 나도 재빨리 2층으로 뛰어가 아무 교실이나 들어갔다.

총소리는 멈추지 않고 계속되었다. 아이들은 문을 걸어 잠갔다. 온몸이 부르르 떨렸다. 범인은 내가 있는 교실 문이 닫힌 걸 보고 다른 곳으로 향한 듯했다.

"이게 도대체 무슨 일이야?"

"누가 총기를 들고 학교에 들어왔대."

"젠장. 우리 다 죽는 거야?"

"교실이 안전할까? 강당으로 가야 하지 않아?"

그리고 한두 명은 경찰서에 전화를 걸어 총기사고가 있다는 것을 알렸다.

잠시 뒤 총소리와 함께 누군가 절규하는 소리가 이어서 들렸다. 3층이었다. 범인이 3층으로 올라간 것이다. 총격이라는 소리를 채 듣지 못한 3층은 전쟁터일 게 뻔했다. 아니 학교 전체는 이미 전

쟁터였다. 서로에게 피하라고 외쳐대는 다급한 목소리가 2층까지 들렸다.

그때였다. 누군가 내가 있는 교실 문 앞에서 소리쳤다.

"제발 문 좀 열어 줘. 제발!"

학생 한 명이 3층에서 도망쳐 내려온 것이다. 나는 교실 문 앞으로 기어가 잠금장치를 풀었다. 3층에서 온 아이는 참고 있던 울음을 터트렸다. 그리고 3층의 상황을 말했다.

"친구가 총에 맞았어. 한 친구가 교실 문을 닫으려는데 그 아이를 범인이 쐈어. 지금도 계속 쏘고 있어."

범인이 가진 총 한 자루 앞에 3천 명이나 되는 우리는 속수무책이었다.

상황이 진정되었는지 선생님이 우리에게 강당으로 모이라고 했다. 창밖으로 구급차와 경찰차가 연이어 학교로 들어오는 것이 보였다. 사이렌 소리는 끔찍한 전쟁이 끝났음을 알렸다.

강당으로 내려가니 피투성이가 된 아이를 급히 구급차에 싣는 것이 보였다.

"앤서니가 우리를 모두 살렸어."

누군가 구급차를 보며 말했다. 교실 문을 막고 있던 아이, 바로 앤서니였다. 앤서니는 범인이 교실로 들어오지 못하도록 문고리를 잡고 버텼다는 것이다. 총을 다섯 발이나 맞고도 문에서 물러나지 않았다고 했다. 교실에 숨어 있던 학생들은 피투성이가 된 친구의 모습을 보면서도 울음과 절규가 터져 나오는 입을 두 손으로 막고 있을 수밖에 없었으리라! 앤서니는 20명을 살리고 구급차에 실려갔다.

믿을 수 있겠는가? 이 모든 것이 단 6분 20초 만에 벌어진 일이었다는 것을.

이날 17명이 죽고 17명이 부상을 입었다. 범인은 퇴학을 당한 이곳 학생이었다. 그는 합법적으로 구할 수 있는 자동 소총을 갖고 있었다.

총기 소유를 막아야 해

끔찍한 일이 벌어지고 난 후 나와 친구들은 한동안 정신을 차리지 못했다. 아니, 너무 화가 나서 참을 수가 없었다.

"가장 안전해야 할 학교에서 이런 일이 벌어졌다는 게 말이 돼?"

"어떻게 학생이 총을 들고 학교에 들어올 수 있어?"

"총기를 자유롭게 가질 수 있다는 게 이렇게 위험한 일인지 몰랐어."

우리 학교에서 일어난 사건은 해외에서 더 큰 관심을 보였다. 미국 대다수의 주에서는 총기 소유가 자유로운 데 반해 다른 나라에서는 아주 큰 범죄였기 때문이다.

미국은 총기를 개인이 가질 수 있다. 자신의 안전과 가정의 평화를 위험으로부터 보호할 수 있다는 이유에서다. 하지만 이번 일을 겪고 난 후 내 생각은 180도 달라졌다. 총기를 소유하는 것은 평화와는 거리가 멀다는 것을 말이다.

사건이 발생한 지 3일째 되는 날, 나는 연방법원 앞에서 열린 집회에 참가했다. 우리 학교 학생들도 많이 참가했다. 나는 무대 위로 올라가 소리쳤다.

"전미총기협회*로부터 돈을 받는 정치인은 부끄러운 줄 알라."

"미국은 총이냐 학생이냐를 선택하라!"

내 목소리가 TV와 인터넷으로 퍼지면서 총기 소지를 반대하는 학생의 대표 얼굴이 되었다.

연설 이후 생각이 같은 다른 지역의 많은 학생들이 움직이기 시작했다. 어떤 학교에서는 총기 소유로 인한 문제가 해결되지 않으면 등교를 거부하겠다고도 했다. 하지만 관련 법을 바꿀 수 있는

---

* 전미총기협회는 민간인 총기 소지와 관련한 사업들을 하며 이익을 도모하는 단체입니다.

정부를 움직이기엔 우리의 힘은 작고 모자랐다.

"이대로 가만히 있을 수는 없어. 총기 소유를 어떻게든지 막아야 해."

"그러려면 법이 바뀌어야 하잖아. 우리가 떠든다고 이야기를 들어줄까?"

맞는 말이었다. 우리와 같은 학생들이 힘을 가지려면 어떻게 해야 할까 고민했다. 그러다가 좋은 생각이 떠올랐다. 바로 우리에게 익숙한 소셜미디어(SNS, 사회관계망서비스)를 활용하는 것이었다.

친구들과 나는 페이스북과 트위터, 인스타그램 등에 '네버어게인#NeverAgain'이라는 이름으로 페이지를 만들었다. 그곳에서 희생자들을 추모하고, 총기 소유가 얼마나 위험한지를 알리기 시작했다.

그 반응은 놀라웠다. 활동을 시작한 지 얼마 되지 않아 페이스북에는 13만 6천여 명의 팔로워가 생겼고, 트위터에는 이 활동을 7만여 명이 공유했다. 소셜미디어에 익숙한 십 대를 중심으로 우리 활동이 빠르게 퍼져 나간 것이다.

네버 어게인!

총기사고가 일어난 지 한 달쯤 되었을 때 우리는 대규모 시위에도 참여하기로 했다. 친구들이 나에게 말했다.

"엠마, 이번에도 무대 위에서 연설을 하는 게 어때?"

나에게 '잘할 수 있을까?', '떨린다'는 말은 사치였다. 어떻게든 목소리를 내서 총기 사건이 더 이상 발생하지 않도록 막아야 한다는 생각뿐이었다.

"그래, 좋아. 최대한 많은 사람들이 집회에 참여할 수 있도록 더 알리자."

우리는 많은 십 대들이 목소리를 내주기를 당부했다. 언론에서도 이번 시위가 십 대들이 주도하는 시위가 될 것이라고 했다. 나는 그 말이 많은 사람들이 우리의 목소리를 들을 준비가 되어 있다고 말하는 것 같았다.

나는 틈틈이 총기 규제와 관련된 법, 총기 사건으로 어린이들이 목숨을 잃은 사례를 찾아보았다. 우리와 비슷한 일이 1999년에도 있었다. 콜로라도 콜럼바인 고등학교에서 총기 사건이 일어나 13명이 목숨을 잃은 것이다. 하지만 그 후로 아무것도 바뀌지 않았고 우리 학교에서 똑같은 일이 벌어졌다. 나는 우리가 마지막이어야 한다는 생각으로 다시 한번 마음을 다잡았다.

워싱턴에서 열릴 예정인 총기 규제 시위를 앞두고 화장실 거울 앞에서 내 모습을 바라봤다. 더는 평범한 고등학생이 아니라 강한 사람이 되기로 했다. 총기사고로 세상을 떠난 친구들과 앞으로 지켜야 할 생명을 위해서 해야 할 일이 있기 때문이다.

나는 의지를 굳게 다지며 머리를 밀기 시작했다. 윙 하는 소리에 맞춰 내 머리에는 하얗게 길이 났다. 그리고 그 길을 낼 때마다 그리워도 더 이상 볼 수 없는 친구들을 떠올렸다. 2018년 2월 14일의 악몽이 되살아나 이를 악물었다. 그리고 희생된 친구들의 이름을 다시 떠올렸다.

"17명의 생명을 결코 헛되게 하지 않을게."

이날 시위에 참여한 사람들의 수는 정말 대단했다. 워싱턴이 사람들로 꽉 차 있었다. 벅차올랐다. 뜻을 함께하는 사람들이 이렇게나 많다는 것에 더 용기가 생겼다. 또

래 학생들도, 초등학생 동생들도 팻말을 들고 소리치기 시작했다.

"네버 어게인! 네버 어게인!"

나는 단상 위에 올라 수십만 명 앞에서 총기 규제를 위한 연설을 시작했다. 연설을 시작하며 희생된 친구들의 이름을 한 명씩 부른 뒤 6분 20초 동안 아무 말도 하지 않았다. 세상에서 가장 강력한 메시지를 담은 침묵이 되길 바라면서 말이다. 6분 20초가 지나고 나는 다시 연설을 이어갔다.

──── 연설을 시작하겠습니다 ────

 **6분 20초 만에
17명의 친구를 잃었습니다**

- 우리 생명을 위한 행진, 2018년

6분 20초. 6분이 조금 넘는 시간 동안 13명의 친구와 4명의 선생님이 목숨을 잃었고, 17명이 부상을 당했습니다. 우리 지역의 모든 사람이 그날 이후로 영원히 변했습니다. 거기에 있었던 모두는 알 겁니다. 그날 총기 폭력의 차가운 손에 닿은 사람들은 알 겁니다. 우리는 타는 듯한 오후의 햇빛 아래서 눈물을 흘리며 혼란스러운 시간을 보냈습니다. 무슨 일이 벌어지고 있는지도 모른 채 말이죠.

아무도 무슨 일이 어디까지 일어났는지 이해하지 못했습니다. 그 건물에 하루가 넘게 신원 확인을 기다리는 시신이 있었다는 사실을 아무도 믿지 못했습니다. 긴급조치가 발령되기 훨씬 전에 실종된 사람들이 이미 숨을 멈췄다는 사실을 아무도 몰랐습니다. 그 누구도 이 참사의 여파가 얼마나 클지, 어디까지 이어질지, 얼마나 갈지 예측할 수 없었습니다.

아직도 이해하지 못하는 분들을 위해, 이해하기를 거부하는 분들을 위해 제가 어떻게 된 일인지 말씀드리겠습니다. 사람들은 땅에 묻혔습니다, 죽었습니다. AR-15 소총으로 6분 20초만에.

제 친구 카르멘은 저한테 피아노 연습에 대해 불평할 일이 없게 되었습니다. 에런 페이스는 더 이상 키라를 '미스 선샤인'이라고 부를 수 없게 되었고, 앨릭스 샤흐터는 동생 라이언과 함께 학교에 걸어갈 수 없게 되었습니다. 스콧 베이글은 캠프에서 캐머런과 농담을 할 수 없게 되었고, 헬렌 램지는 방과 후에 맥스와 어울릴 수 없게 되었습니다. 몬 탈토는 점심시간에 친구 리엄에게 인사할 수 없게 되었고, 호아킨 올리버는 샘이나 딜런과 농구를 할 수 없게 되었습니다.

알레이나 페티도, 캐럴 룬그렌도, 크리스 힉슨도, 루크 호이어도, 마틴 두케 앙가노도, 피터 왕도, 얼리사 알라데프도, 제이미 구텐베르크도, 매도 폴릭도 더 이상 함께할 수 없게 되었습니다.

제가 여기 나온 지 6분 20초가 지났습니다. 총격범은 총격을 멈추고 바로 소총을 버렸습니다. 그리고 탈출하는 학생들과 섞여 한 시간 동안 자유롭게 걸어 다니다가 체포되었습니다.

이런 비극이 눈앞에 벌어지기 전에, 자신의 삶을 위해 싸우세요. 저도 총으로부터 안전한 사회가 오는 그날까지 소중한 생명을 지키기 위한 행진을 멈추지 않을 겁니다.

세상은 지금

❗ 총기사고로 얼마나 많은 어린이가 목숨을 잃을까요?

2023년 미국 테네시주의 내슈빌 초등학교에서 해당 학교 졸업생이 쏜 총에 초등학생 3명이 숨진 일이 있었어요. 또 십 대들의 생일 파티에서 총격이 일어나 4명이 숨지고 15명이 부상을 당하기도 했어요. 2022년 5월에는 미국 텍사스주의 한 초등학교에서 어린이 19명이 세상을 떠났어요. 이 총기 사건은 미국을 떠들썩하게 만들었지요.
엠마 곤잘레스가 다니던 고등학교에서 일어난 총기 사건 이후로도 미국에서는 소중한 목숨이 계속 위협받고 있어요. 2020년까지 총기 관련 사고로 사망한 어린이 수는 4만 5천 명이나 돼요. 심지어 2023년 1월 한 달 동안에만 무려 38번의 총기사고가 있었고 어린이와 청소년 120여 명이 목숨을 잃었지요.

❗ 미국에서 총기사고가 많은 까닭은 무엇일까요?

엠마 곤잘레스의 고등학교에서 일어난 총기 사건에서 범인은 1분에 45발, 개조하면 800발까지 쏠 수 있는 무기를 사용했어요. 놀라운 사실은 이런 무기들을 미국에서는 쉽게 살 수 있다는 거예요. 미국은 주마다 다르지만 18세 이상이 되면 아무런 절차도 없이 총을 살 수 있거든요. 심지어 총기를 가지고 있는 사람의 권리를 헌법으로 보장해 주기도 해요.

총기 소유를 헌법으로 보장하는 이유는 미국이 독립을 위해 싸우던 1755년으로 거슬러 올라가요. 독립전쟁 때 대다수의 주에서는 민병대를 조직했고, 이들의 활약으로 독립전쟁은 승리할 수 있었어요. 그 후 잘 훈련된 시민군은 국가의 안전을 지키기 위해 노력했기 때문에 총기 소유를 보장해 주기 시작했어요.

또 미국은 워낙 땅이 넓어서 중앙 정부가 모든 사람을 안전하게 보호하기 어려워요. 주유소나 길거리 등 공공장소에서 총기 사건이 발생할 때마다 사람들은 자신을 보호하기 위해서라도 반드시 총기 소유를 인정해야 한다고 주장해요.

이렇듯 어린이와 관련된 총기사고가 잇따르는데도 미국 정부가 이를 적극적으로 막지 못하는 이유는 바로 전미총기협회 때문이에요. 총기 사용을 적극적으로 찬성하는 이 단체는 회원 수가 500만 명이 넘어요. 그래서 정부가 총기 규제를 하려고 할 때마다 엄청난 압력을 행사한답니다. 지금은 학교 지역 총기 휴대 금지, 공격무기 금지와 같이 몇 가지 규제가 있기는 하지만, 사람들을 안전하게 지키기에는 충분하지 않은 실정이에요.

내가 바꾸는 세상

❗ '붉은 손의 날' 캠페인

매년 2월 12일은 유엔이 정한 '소년병 반대의 날'이에요. 어떤 아이도 어른들에 의해 전쟁터로 나가서는 안 된다고 전 세계가 목소리를 모으는 날이죠. 이날에는 '붉은 손의 날'이라는 캠페인을 진행합니다. '붉은 손'을 사진으로 찍어 SNS에 올리고 해시태그를 다는 거예요. 2002년부터 50여 개 나라에서 캠페인에 참여하고 있지만 전 세계에는 아직도 25만 명 정도의 소년병이 있어요.

'붉은 손의 날' 캠페인 로고

소년병 징집을 중단하려고 노력하는 국제 사회의 상징이 된 '붉은 손의 날' 캠페인에 우리도 참여해 보아요. 소년병 반대를 상징하는 '붉은 손'을 직접 그리고, SNS에 활동을 공유하여 널리 알려 주세요. 소년들이 전쟁터가 아닌 학교에서 총 대신 책을 들 수 있도록 우리 모두 관심과 노력을 기울여야 해요.

캠페인 참여 방법

① 손바닥에 붉은색 물감을 칠해 흰 종이에 찍어낸다.
② '붉은 손'과 함께한 인증사진에 해시태그 #RedHandDay를 달아 자기 SNS 계정에 업로드한다. (자기 계정이 없는 경우 부모님 계정에 올려도 됩니다.)

인물 소개

멜라티 위즌, 이사벨 위즌

인도네시아 발리의 환경운동가 자매. 2013년, 멜라티가 열두 살, 이사벨이 열 살일 때 해변에 쌓인 플라스틱 쓰레기들을 보고 비닐봉지 없는 발리를 만들어야겠다고 다짐하며 '바이바이 플라스틱백BBPB'이라는 환경 단체를 만들었다. 그렇게 발리에서 비닐봉지가 사라지게 하는 활동을 시작했고 6년이 지난 후 위즌 자매가 그토록 바라던 비닐봉지와 빨대, 스티로폼 사용을 금지하는 법이 제정되었다.

바이바이 플라스틱백은 현재 미국, 호주, 중국 등 전 세계 25곳에 지부를 둘 정도로 영향력을 갖추게 되었으며, 우리나라의 '바이바이 플라스틱백 서울' 팀도 활발하게 활동하고 있다.

트리샤 프라부

미국의 청소년 악플 방지 프로그램 개발자. 트리샤는 평소에 뇌과학에 관심이 많았는데, 2013년에 한 아이가 사이버 폭력으로 목숨을 잃었다는 사실에 충격을 받고 열세 살에 사이버 괴롭힘을 방지하는 '리씽크'라는 프로그램을 개발했다. 이 프로그램은 구글 사이언스 페어 결승에 진출하면서 많은 사람의 관심을 받게 되었다. 트리샤는 여기서 멈추지 않고 미국에서 특허를 내고 모든 소셜 미디어 사이트와 호환될 수 있도록 업그레이드를 해나가고 있다.

2022년에는 우리나라 청소년 사이버 폭력 예방 프로젝트인 '푸른코끼리'의 온라인 포럼에서 연설하기도 했다.

최형빈

우리나라의 코로나 앱 개발자. 평소 재난 상황에 관심이 많아 코로나19가 진행되는 과정을 남들보다 유심히 지켜보았다. 그러다가 가짜 뉴스 때문에 혼란스러워 하는 사람들을 보며 안타까운 마음이 들어 친구 이찬형과 함께 코로나19에 관해 정확한 정보를 알려 주는 앱을 만들었다. 두 친구가 만든 앱은 신문의 인터뷰 기사를 통해 널리 알려졌고, 그 후 많은 사람이 이 앱을 통해 코로나19에 관한 믿을 만한 정보를 얻게 되었다.

최형빈은 이때의 경험을 바탕으로 사람들이 겪는 불편을 해결하는 세계적인 플랫폼 스타트업의 리더가 되고 싶다는 꿈을 꾸게 되었다.

제네시스 버틀러

미국의 청소년 활동가. 가장 좋아하는 치킨너깃이 동물로 만든 음식이라는 사실을 알게 된 후 더 이상 고기를 먹지 않고 이때부터 동물 복지에 관심을 가졌다. 열 살이던 2017년에는 최연소 연사로서 테드에 나가 '지구를 치유하기 위한 비전'이라는 주제로 연설도 했다. 그 후 동물들을 돌보는 자원봉사를 시작했다. 동물들이 행복하게 살 수 있도록 안전하고 쾌적한 환경을 유지하는 비용을 모으기 위해 '제네시스 포 애니멀스'라는 비영리단체를 설립했다.

동물 복지를 위한 제네시스의 노력이 알려지자, 2019년에는 '마블 스튜디오'의 다큐멘터리 시리즈인 '마블 히어로 프로젝트'에 동물 복지 운동가로 소개되기도 했다.

윌리엄 캄쾀바

아프리카 말라위의 발명가. 말라위는 먹을 것이 부족하고 전기도 잘 들어오지 않는 곳이다. 윌리엄은 학비가 없어서 학교를 다니지 못했지만, 공부를 포기하는 대신 도서관에서 책을 읽으며 가난을 극복할 방법을 찾았다.

그러다 책 속에서 얻은 풍차에 관한 지식으로 버려진 자전거 체인과 바퀴, 피복이 벗겨진 낡은 전선, 고장난 트랙터의 송풍팬과 라디오 등 여기저기서 뜯어낸 전자 부품을 모아 풍차를 만드는 데 성공했다. 윌리엄이 만든 풍차 덕분에 그의 가족과 마을 사람들은 이전보다 풍족하게 수확할 수 있었고, 아이들은 다시 공부할 수 있게 되었다.

조슈아 웡

홍콩의 학생 운동가. 2014년 행정장관 직선제를 요구하는 우산 혁명이 일어났을 때 앞장섰다. 이때 조슈아 웡은 열일곱 살이었다. 2014년 〈타임〉의 가장 영향력 있는 십 대로 선정되었고, 2015년 〈포춘〉의 '세계 최고의 지도자' 중 한 명으로 뽑히기도 했다. 2022년에는 노벨평화상 후보에 올랐다.

조슈아 웡은 우산 혁명 당시 해산하라는 명령을 따르지 않은 죄로 여러 차례 감옥에 갇히거나 감시를 받는 등 큰 시련을 겪었다. 홍콩 사람들은 이런 조슈아 웡을 민주화의 영웅이라고 불렀지만, 조슈아 웡은 홍콩의 민주주의는 결코 한 사람의 힘으로 이룰 수 있는 것이 아니라며, 영웅은 자신이 아니라 홍콩 시민이라고 말했다.

메모리 반다

아프리카 말라위의 아동 인권 운동가. 열한 살 동생이 어린 나이에 결혼하고 어렵게 생활하는 것을 보면서 악순환을 끊기로 결심하고 '말라위 소녀들을 위한 권익 네트워크'와 함께 아동 결혼 반대 운동을 펼쳤다. 처음에는 지역의 십 대 엄마들에게 무료로 교육했고, 이러한 악습을 뿌리 뽑기 위해 매일 국회로 나가 입법 청원 캠페인을 벌였다. 그 결과 2015년 4월 말라위는 아동 결혼을 금지하고 결혼 최저 연령을 16세에서 18세로 조정했다. 이를 어길 때는 10년의 실형을 선고하는 조항까지 생겼다.

메모리 반다는 테드와 오슬로 국제 평화연구소 포럼 등의 무대에서 아동 결혼에 대한 이야기를 많은 사람에게 알리면서 자율권을 지키기 위해 노력하고 있다.

엠마 곤잘레스

미국 총기 규제 운동가. 2018년 2월 플로리다주에서 발생한 스톤맨 더글러스 고등학교 총기 사건의 생존자이다.

엠마는 이 사건 이후 총기 규제 강화를 위한 'Never Again MSD'라는 단체를 설립하고 미국 내 총기를 규제하기 위한 운동을 하기 시작했다. 특히 총기 사건이 벌어지고 한 달 후 열린 '우리의 생명을 위한 행진'은 엠마를 비롯한 십 대들이 주도한 총기 규제 강화 시위였으며, 역사상 손에 꼽힐 정도의 최대 규모였다. 덕분에 플로리다주에서는 총기 규제 강화 법안이 통과되었다. 총기를 살 수 있는 나이를 열여덟 살에서 스물한 살로 높이고, 대량 살상을 가능하게 하는 총기로 개조하는 부품을 판매하거나 갖는 것도 금지했다. 이는 미국 사회에서 엄청난 변화이다.

세상을 바꾸는 사회참여 이야기

초 판 발 행	2023년 11월 20일 (인쇄 2023년 10월 31일)
발 행 인	박영일
책 임 편 집	이해욱
저 자	우설리, 고수진
편 집 진 행	모은영, 김지운, 권민서, 박유진
표지디자인	박종우
편집디자인	박서희
삽 화	전성연
발 행 처	시대인
공 급 처	(주)시대고시기획
출 판 등 록	제 10-1521호
주 소	서울시 마포구 큰우물로 75 [도화동 538 성지 B/D] 9F
전 화	1600-3600
팩 스	02-701-8823
홈 페 이 지	www.sdedu.co.kr

I S B N	979-11-383-6318-1 (73300)
정 가	15,000원

※ 이 책은 저작권법의 보호를 받는 저작물이므로 동영상 제작 및 무단전재와 배포를 금합니다.
※ 잘못된 책은 구입하신 서점에서 바꾸어 드립니다.
※ '시대인'은 종합교육그룹 '(주)시대고시기획 · 시대교육'의 단행본 브랜드입니다.